Sé el líder que tu familia necesita

LLAMADO A SER LÍDER

Sé el líder que tu familia necesita

LLAMADO A SER LÍDER

DR. STEPHEN ADEI

Vida

DEDICADOS A LA EXCELENCIA

LlAMADO A SER LÍDER
© 2007 Editorial Vida
Miami, Florida

Publicado en inglés bajo el título:
Called To Lead
Por Focus on the Family International
© 2005 por *Stephen Adei*

Traducción: *David Fuchs*
Edición: *Madeline Díaz*
Diseño interior: *Cathy Spee*
Diseño de cubierta: *Pablo Snyder*

ISBN – 10: 0-8297-4830-X
ISBN - 13: 978-0-8297-4830-7

Categoría: RELIGIÓN / Vida cristiana / Hombres

Impreso en Estados Unidos de América
Printed in the United States of America

07 08 09 10 ❖ 6 5 4 3 2 1

CONTENIDO

PRÓLOGO

No hay escuela que pueda enseñarle a ser esposo ni padre. Como resultado muchos hogares se han convertido en laboratorios experimentales, a menudo con consecuencias desastrosas para los miembros de sus familias. Algunos de los productos de estos experimentos fallidos han llegado a ser los perpetradores de otros intentos infructuosos. Este ciclo pernicioso debe ser roto.

En diez capítulos concisos, el profesor Adei nos presenta una receta para llegar a ser un esposo y un padre efectivos. Basándose en una rica y amplia experiencia personal, nos guía a través del proceso de dirigir primero nuestras propias vidas y luego las de nuestra esposa y del resto de la familia.

Como en todas las instituciones, descubrirá que el hogar funciona mejor si se siguen unos principios concretos. No puede leer estas páginas y continuar manejando su hogar de una manera improvisada.

Este libro está basado en el principio bíblico de que el esposo y el padre son la cabeza del hogar. El profesor Adei explica por qué el rol de liderazgo del hombre es una responsabilidad y no una mera posición. Él llama al hombre el socio director de una empresa de dos miembros. Es evidente que si el líder hace bien su trabajo, toda la empresa tiene éxito. Por lo tanto, si usted toma en serio la tarea de que su familia tenga éxito, le animo a que continúe leyendo.

Kirabo Lukwago
Director ejecutivo
Ministerios de
Enriquecimiento Familiar
Nairobi, Kenya

RECOMENDACIONES

Hubiera deseado leer este libro hace cuarenta años, cuando era un joven que empezaba su ministerio y matrimonio.
—REV. DENIS WHITE, ANTIGUO PASTOR PRINCIPAL.
IGLESIA PENTECOSTAL DE NAIROBI.

Este libro da en el clavo en las áreas principales que hacen que el liderazgo sea un éxito. Lo recomiendo altamente a todos los hombres que tomen en serio la tarea de hacer que sus responsabilidades dadas por Dios en el hogar tengan éxito.
—PROF. LAZARUS SERUYANGE, DIRECTOR.
ESCUELA INTERNACIONAL DE TEOLOGÍA DE NAIROBI

CAPÍTULO 1

EL DESAFÍO DEL LIDERAZGO MASCULINO EFECTIVO

En agosto del 2002, sesenta y tres hombres se reunieron durante tres días muy fríos en el hermoso Naro Muro en Kenia para hablar sobre el liderazgo masculino. Esto fue interesante en dos maneras: Primero, el organizador nos pidió que dejáramos a nuestras esposas en casa. Segundo, era invierno. Y aunque estábamos cerca del ecuador, el tiempo era en realidad helado debido a la altitud. No obstante, la experiencia fue digna del esfuerzo. Yo era un conferenciante nervioso y algo escéptico que habló sobre el tema «El liderazgo masculino efectivo». Sin embargo, al finalizar el encuentro todo mi escepticismo acerca de lo singular del liderazgo del hombre desapareció. Por otro lado, el Señor nos enseñó a todos (tanto a conferenciantes como a participantes) el llamamiento único de los hombres como líderes. Nunca vi a un grupo de hombres tan decididos a marcar la diferencia en sus vidas y en las vidas de sus esposas, familias y compañeros de trabajo como lo vi al finalizar estos tres días. Y la mayoría provenía de un nivel ejecutivo entre medio y muy alto, hombres que habían triunfado en sus respectivas profesiones.

Ahora que pienso en esto, yo era simplemente «lento para aprender». En una fecha tan temprana como el año 1980, en un estudio de la Biblia en Australia, me di cuenta de que cuando la Biblia llama al hombre a ser la cabeza de su mujer, se refiere al liderazgo masculino. Los hombres son llamados al rol de dirigir en el hogar y en la sociedad. En la práctica, algunos abandonan el barco y se marchan de casa de una forma brusca, sin decir nada; otros, al menos uno de cada dos, a través del divorcio; y la mayoría tienen problemas con su rol de liderazgo. Por esto fue una oportunidad única para sesenta y tres de nosotros el poder pensar como hombres a través de las alegrías, los fracasos y los desafíos del liderazgo efectivo masculino. Experimentamos lo mismo que los miembros de Cumplidores de Promesa ya habían aprendido.

Los Cumplidores de Promesas descubrieron, sin darse cuenta, una tendencia masculina única que Dios siempre había entendido: Los hombres están más abiertos a la presencia de Dios y a la búsqueda de un crecimiento en Jesucristo cuando están con otros hombres. Hay algo acerca del entorno-únicamente-masculino que lleva a los hombres a sentirse libres para humillarse a sí mismos bajo la mano de Dios y poder ir a la raíz de su pecado. Esto es lo que motivó a los Cumplidores de Promesas a reunirse como hombres para buscar la integridad, la unidad de propósito, la mutua responsabilidad, la honestidad, la unidad y el liderazgo.[1]

Aun más interesante fue lo que ocurrió cuando tuve que pasar una semana entera en Nairobi para dar unas conferencias sobre las finanzas personales y la vida familiar. Esto me dio la oportunidad de interactuar con muchas de las esposas de aquellos hombres. ¿Cómo supe que eran las mujeres de los asistentes al encuentro sobre el liderazgo masculino en Naro Muro? Las mujeres de forma voluntaria me lo dijeron: «No nos importa lo que usted hizo con nuestros maridos. Fuera lo que fuera, ha sido bueno para nosotras, y se lo queremos agradecer». En otras palabras, cuando los líderes masculinos son efectivos, sus esposas están agradecidas. No está mal del todo ¿verdad? Por lo tanto, no fue ninguna sorpresa cuando se me pidió que escribiera un libro sobre el liderazgo masculino efectivo. Aunque haya tenido que lidiar con el adjetivo *efectivo*, me he obligado a mí mismo a intentarlo en honor a aquellas mujeres agradecidas. Es a las esposas de aquellos líderes efectivos de Kenia a las que dedico este libro.

DIEZ RAZONES PARA ENFOCARSE EN EL LIDERAZGO MASCULINO

Ahora me siento lo suficiente animado para compartir algo de lo que transpiramos en el retiro de aquel fin de semana en Naro Muro. Pero antes, veamos diez razones para edificar un liderazgo masculino efectivo.

- *El liderazgo formal hoy es predominantemente masculino*. Para lo mejor o para lo peor,

> PARA LO MEJOR O PARA LO PEOR, LOS LÍDERES HASTA HOY HAN SIDO EN SU MAYORÍA HOMBRES. POR LO TANTO, EL LIDERAZGO EFECTIVO MASCULINO QUIZÁS SEA LA CUESTIÓN MÁS IMPORTANTE PARA DETERMINAR EL PROGRESO DE LOS HOGARES, LAS COMUNIDADES, LAS ORGANIZACIONES Y LAS NACIONES.

los líderes hasta hoy han sido en su mayoría hombres. Por lo tanto, el liderazgo efectivo masculino quizás sea la cuestión más importante para determinar el progreso de los hogares, las comunidades, las organizaciones y las naciones, al menos en un futuro predecible. Puedes llamarlo chovinismo masculino, pero la realidad es que en la política formal, en los negocios y en los lugares de liderazgo comunitario, menos del diez por ciento de los líderes son mujeres, con la excepción de Escandinavia.

- *A muchos hombres se les ha confiado el liderazgo tanto en el hogar como en la sociedad sin una preparación adecuada.* Muy pocos entran al liderazgo masculino con una capacitación formal, y muchas veces la capacitación o la formación que se les provee asume que el liderazgo es neutral en cuanto a género. Los hombres necesitan de recursos que se destinen a sus desafíos específicos de liderazgo.

- *Ante la ausencia de mentores reales en la vida, un libro sobre el liderazgo masculino es como tener medio camino andado.* Vivimos en un mundo donde han desaparecido los modelos y los mentores para capacitar a la próxima generación de líderes. En una sociedad donde se ha abandonado la moral absoluta, se rompen muchas familias y se incrementa el liderazgo femenino en los hogares, la preparación formal es necesaria, aunque nunca debe sustituir a los líderes-mentores. Necesitamos multiplicar los mentores.

- *La falta de padres.* La ausencia de padres en el hogar y un liderazgo masculino inefectivo han alcanzado proporciones alarmantes. Sin embargo, el papel de los hombres como maridos y padres es irremplazable. Aunque los esposos y las esposas son iguales, hay roles diferentes y complementarios, y necesitan ser fortalecidos.

- *Una nueva perspectiva de las quejas de las mujeres.* Muchas de las quejas de las mujeres, disfrazadas como una lucha por la igualdad de género, están ligadas al liderazgo masculino inefectivo. Cuando los hombres son líderes efectivos, llevan alegría y alivio a las mujeres cansadas y oprimidas que se han visto forzadas a recoger los trozos del fracaso del liderazgo masculino.

- *El buen liderazgo es un arte que debe ser aprendido.* La clase de liderazgo correcto —un liderazgo transformador y servidor— no surge de una manera fácil en los hombres que parecen estar más predispuestos a la conquista, la dominación o la pasividad. Por lo tanto, su potencial de liderazgo debe ser despertado, dirigido y acrecentado.

- *No hay virtud alguna en la ignorancia.* La experiencia de los hombres expuestos a un liderazgo masculino efectivo indica que muchos de los abusos que se cometen debido a los privilegios del liderazgo provienen de la ignorancia y la incapacidad. El antídoto a la ignorancia es el conocimiento. De ahí la necesidad de enfocarse en el liderazgo masculino efectivo.

- *El liderazgo masculino efectivo no es chovinista.* El liderazgo masculino efectivo no es la antítesis o lo opuesto al liderazgo femenino. En estos días, algunos hombres están paralizados por el temor de que cualquier enfoque en los hombres será interpretado como un chovinismo masculino. Nada más lejos de la verdad. En realidad, el liderazgo masculino efectivo engendra el correspondiente liderazgo femenino y viceversa. Se complementan el uno al otro.

- *Multiplicar la influencia de los hombres.* El liderazgo masculino efectivo afecta simultáneamente los hogares, las comunidades, los lugares de trabajo y las naciones de una manera positiva.

- *Es un imperativo divino.* La Biblia llama a los hombres a dirigir a sus esposas y a su familia (Efesios 5:22-33) en el contexto de las familias cristianas. Este llamamiento no es a una posición de dominio sino de servicio, siguiendo los pasos de Jesús.

Por lo tanto, este libro no es sobre el liderazgo en general sino acerca del liderazgo masculino en particular, con una especial referencia al liderazgo en el hogar, donde empieza el amor. Este libro está basado en la premisa de la propuesta de que el liderazgo es un arte que tiene que ser aprendido.

LA CRISIS ACTUAL DEL LIDERAZGO MASCULINO

Los hombres abandonan cada vez más su rol de liderazgo como modelos e instructores en la sociedad. Para citar al famoso novelista africano Chinua Achebe en *Things Fall Apart* [Las cosas se deshacen], parece que las cosas se están derrumbando, y el centro ya no puede resistir más.[2]

Myles Munroe, en *Becoming a Leader* [Conviértase en un líder], tiene razón en su afirmación de que «cuando a una nación le faltan líderes de calidad, legítimos y justos, sobreviene el deterioro nacional. Es obvio que nuestras naciones necesitan con desesperación de estos líderes. La iglesia tiene una necesidad apremiante de líderes. Nuestros hogares están clamando por un liderazgo. Nuestros jóvenes están suplicando por líderes. La respuesta de Dios a todos nuestros problemas sociales, morales y económicos viene determinada por el hecho de que tengamos los líderes justos y adecuados».[3]

Parece que los humanos quieren empezar con comités, pero Dios siempre empieza con un líder. Las vicisitudes del líder afectan a su familia, su comunidad y su nación de la misma manera que lo ilustran los siguientes ejemplos de la Biblia.

Cuando Dios quiso crear a los seres humanos, pudo haber creado millones de personas al mismo tiempo. Sin embargo, Dios escogió crear a Adán y a su compañera Eva, y a través de ellos engendrar a las naciones. El pecado y sus consecuencias dieron como resultado que toda la creación fue destinada a la destrucción. Pero Dios encontró a un hombre, un líder, en la persona de Noé y salvó a la humanidad de la extinción. Los hombres, no obstante, continuaron rebelándose y siguiendo un camino equivocado, y en Babel trataron incluso de construir una torre que llegara al cielo. Con la confusión de los lenguajes, ya todo parecía una causa perdida. Mas en su amor, Dios llamó a un hombre, Abraham, y a través de sus descendientes puso los fundamentos de un nuevo pueblo para Dios.

LA IGLESIA TIENE UNA NECESIDAD APREMIANTE DE LÍDERES. NUESTROS HOGARES ESTÁN CLAMANDO POR UN LIDERAZGO. NUESTROS JÓVENES ESTÁN SUPLICANDO POR LÍDERES.

Después de un breve período de trato privilegiado bajo José, el primer ministro hebreo de Egipto, los israelitas no tardaron demasiado en encontrarse sumidos en la esclavitud en Egipto durante cuatrocientos años. Durante todo este tiempo, Dios estaba preparando un líder: Moisés. En cuestión de días los hebreos fueron liberados. Debían haberse establecido en Canaán en poco tiempo. Pero debido a su desobediencia, se quejaron y no creyeron en las promesas de Dios, a pesar de todo lo que él había hecho por ellos, así que tuvieron que deambular por el desierto durante cuarenta años.

No tenemos suficiente espacio para explicar las historias de Josué y de Caleb, y de los jueces, entre los cuales los más prominentes fueron Sansón, Jefté, Gedeón y Débora; o de profetas como Samuel, Natán, Isaías, Jeremías, Ezequiel y Daniel, que proporcionaron un liderazgo espiritual para Israel.

Les siguieron David, Salomón, Ezequías, Josafat y Josías, cuyos reinados vieron a Israel alcanzando grandes niveles, y reformadores como Esdras y Nehemías, los reconstructores del Israel posterior al exilio. Hubo otros líderes que se mantuvieron en la brecha en tiempos de crisis nacional como Elías, Eliseo, la reina Ester y Mardoqueo. En el Nuevo Testamento, líderes como Pedro, Santiago, Juan y Pablo alcanzaron la cima como los primeros líderes de la iglesia.

> LOS LÍDERES SON LOS PRINCIPALES MOTORES DE LA SOCIEDAD. SIN EMBARGO, SU IMPACTO NO SIEMPRE ES POSITIVO. ISRAEL —Y POR ESTA MISMA CAUSA TODAS LAS NACIONES E IMPERIOS— SUFRIÓ REVESES COMO RESULTADO DE LOS LÍDERES DISFUNCIONALES, INJUSTOS E ILEGÍTIMOS.

Los líderes son los principales motores de la sociedad. Sin embargo, su impacto no siempre es positivo. Israel —y por esta misma causa todas las naciones e imperios— sufrió reveses como resultado de los líderes disfuncionales, injustos e ilegítimos. La ascensión al poder del faraón que no recordaba a José significó para la nación de Israel un gran sufrimiento y una amarga esclavitud durante siglos. Una decisión insensata de Roboán, el hijo de Salomón, trajo como resultado una división y una herida irreparable en el pueblo hebreo como nación. Manasés, Jezabel, y Jeroboán son otros ejemplos bíblicos de aquellos que trajeron la ruina y la muerte a su gente debido a un pobre liderazgo.

En los tiempos modernos, aquellos como Adolfo Hitler, Pol Pot de Camboya, Idi Amin de Uganda y Sadam Hussein de Irak son epítomes de un liderazgo en la dirección equivocada. Uno podría añadir que, mientras el mundo ha tenido sus Jezabeles y Atalías en la parte negativa y sus Juanas de Arco e Indiras Gandhi en la parte positiva del liderazgo femenino, los líderes tanto funcionales como disfuncionales han sido predominantemente masculinos. Y este es el liderazgo que está en crisis.

El COSTO DEL LIDERAZGO MASCULINO INEFECTIVO

Cuando el liderazgo es débil, en especial en el hogar, se sobrecarga a la esposa que tiene que ir recogiendo los trozos que quedan. Los síntomas de la crisis en el liderazgo masculino son abundantes.

El fenómeno de los padres que no tienen tiempo para dirigir a sus familias está alcanzado proporciones alarmantes. A diferencia del pasado, cuando las familias trabajaban juntas en la granja, los negocios actuales están organizados de tal manera que, excepto los fines de semana, los padres salen de casa justo al clarear el día y vuelven por la noche. No es nada fuera de lo común para algunos padres, incluyendo los cristianos, estar fuera del hogar durante períodos prolongados. En muchos casos no hay otro remedio, y los padres para compensar el impacto que esta tendencia tiene en su papel como líderes, tienen que dedicar un tiempo extra durante los fines de semana o en otras ocasiones concretas.

Algunos padres simplemente han abandonado sus hogares, dejando a sus familias sin un liderazgo masculino. Las situaciones monoparentales, que eran una excepción en el pasado, se han expandido tanto como se ha intensificado el divorcio, y el número de las madres solteras se ha disparado de forma meteórica. El resultado es que hay casi tantos hogares cuya cabeza es la mujer como hogares donde la cabeza es el hombre.

La misma presencia del hombre no garantiza el liderazgo efectivo. La preocupación por otros logros, incluso por aquellos que son legítimos como las aficiones y el ministerio cristiano, puede minar el liderazgo en el hogar. En estos días el desafío del liderazgo masculino efectivo radica en los roles confusos de cada género. En el intento de corregir la discriminación histórica de la mujer, algunos se han ido al extremo de negar las diferencias de género y la complementariedad única de los roles de los sexos.

El efecto de estas tendencias de la sociedad, y de los hombres en particular, es devastador. En la práctica, algunos hombres pueden ser muy furibundos; otros pueden ser como niños abusadores y sus mujeres quizás sean muy tradicionales; y todo ello puede dar lugar a una conducta antisocial. La verdad es que el hombre que falla en proveer liderazgo efectivo en su hogar, en la comunidad, en su iglesia y en la nación es un hombre infeliz. Esta es la razón por la que muchos hombres quieren dirigir, dar orientación y proveer un modelo para que otros puedan continuar. Si fallan, lo más seguro es que manifestarán ciertas tendencias y enmascararán su verdadera condición. Esto explica por qué los hombres que son inefectivos en su liderazgo son más propensos a manifestar conductas autoritarias, machistas, perjudiciales y egoístas. En otras palabras, los signos visibles podrían muy bien esconder la inseguridad interna, la debilidad y los temores de muchos hombres en su fracaso a la hora de proveer un liderazgo efectivo.

En la Biblia hay varios ejemplos de liderazgo inefectivo. Uno de ellos es el rey Acab. En vez de dirigir a Israel, de administrar con justicia y de ejemplificar un carácter santo, codició la viña de Nabot. Cuando se sintió frustrado por no poder adquirirla, se enfureció, se lamentó y abandonó su liderazgo en manos de su malvada esposa Jezabel. El resultado fue que destruyó su reino y su familia (1 Reyes 21-22).

> LOS HOMBRES QUE SON INEFECTIVOS EN SU LIDERAZGO SON MÁS PROPENSOS A MANIFESTAR CONDUCTAS AUTORITARIAS, MACHISTAS, PERJUDICIALES Y EGOÍSTAS.

Un liderazgo masculino pobre se manifiesta de diferentes maneras. Primero, se evidencia en mujeres y esposas frustradas. En el peor de los escenarios, los hombres recurren a la única cosa que tienen por encima de las mujeres: su fuerza física; esto puede explicar el incremento de la violencia doméstica. Segundo, el liderazgo masculino inefectivo es una causa fundamental en la pérdida de dirección de los hijos. El impacto negativo de la generación de los babby boomers[4] —debo confesar que es mi generación— puede ser debido en parte al vacío creado en el liderazgo masculino durante y después de la Segunda Guerra Mundial, situación esta que fue exacerbada por la enseñanza liberal y seudocientífica de los autollamados especialistas que abogaron por un método de educación de los hijos que les permitía hacer lo que quisieran. Al final, cuando los hombres renuncian a dirigir, lo que ocurre es un resquebrajamiento de la propia sociedad.

Sin embargo, mientras la tradición prevaleció (tanto en el campo secular como en el eclesial) y los roles de los sexos estuvieron bien definidos, el impacto del liderazgo masculino inefectivo permaneció acallado. Hoy en día, la situación es diferente. Muchas mujeres ya no sufren en silencio el liderazgo masculino inefectivo, de ahí la exigencia de la igualdad sexual. Además, el efecto acumulativo del progreso científico y tecnológico, en especial desde la Revolución Industrial, ha sido la transformación del trabajo de lo físico a lo mental. El mundo del trabajo moderno descansa mucho menos en la fuerza bruta de lo que lo hace en el conocimiento.

Todo ello ha traído nuevos desafíos para el liderazgo masculino en el sentido de que uno no puede confiar solo en los roles y privilegios tradicionales como la base para reclamar el liderazgo. El líder masculino debe realizar el trabajo de un guía: proveer visión, inspirar y fortalecer a sus seguidores para alcanzar objetivos comunes, ya sean estos seguidores su esposa o sus hijos, los miembros de su iglesia, o los empleados de su empresa.

El líder bíblico es primero y ante todo un líder servidor; este es el modelo que Jesús nos dio (véase Juan 13:1-17). En este sentido, este libro es un llamamiento a seguir los aspectos bíblicos más básicos. Tiene que ver con recobrar el liderazgo masculino bíblico en el hogar, en el trabajo y en la sociedad. No es un llamamiento al liderazgo basado en un «derecho divino», en la fuerza física, o un alegato a la superioridad masculina. Es un llamamiento a ser un modelo, a instruir y ministrar a los propios seguidores… a ser los líderes que otros quieren seguir debido a la influencia positiva que nace de su carácter, su competencia y su cuidado.

OBSTÁCULOS PARA UN LIDERAZGO MASCULINO EFECTIVO

Lograr un liderazgo masculino efectivo es uno de los más grandes desafíos. Vienen a mi mente cinco razones. En primer lugar, el liderazgo servidor, que es el epítome de todo lo que es el liderazgo efectivo, no se presenta con facilidad en los hombres. Por constitución, los hombres buscan conquistar en vez de servir. El servicio, ya sea por naturaleza o por condición social, parece que proviene con más disposición de la mayoría de las mujeres.

Un segundo factor, que los hombres comparten en común con las mujeres, es la naturaleza pecaminosa, la cual se manifiesta en la forma de egoísmo. El egocentrismo es un obstáculo mayor para el liderazgo efectivo. De modo habitual buscamos nuestro propio interés en vez de ministrar a nuestros seguidores. Se requiere de una verdadera conversión y del poder que proviene del Espíritu Santo para poner esta característica bajo control. Sin embargo, cuidar de nuestros discípulos e inspirarlos es la esencia del liderazgo bíblico efectivo.

Otra razón por la cual los hombres pueden encontrar difícil el liderazgo efectivo es debido a los modelos tradicionales de liderazgo que han sido predominantemente autoritarios, chovinistas y machistas. La norma en el pasado, y todavía es así en muchas partes, era un esposo, un padre y un trabajador obstinados y partidarios de la disciplina. Por lo tanto, existe la necesidad de reprogramar la propia mente para que esta concuerde con el liderazgo masculino bíblico.

Una cuarta causa se relaciona con la falta absoluta de formación y educación. Los hombres que se juntaron para el encuentro sobre el liderazgo masculino en Kenia eran hombres buenos y respetables que amaban a sus esposas e hijos. Simplemente no habían aprendido los principios del liderazgo efectivo. No obstante, como estaban por encima del promedio de los trabajadores, maridos y padres, otros con razón los admiraban como modelos. Todo lo que necesitaban era conocimiento: cómo guiarse a ellos mismos, a sus esposas y a sus colaboradores. En el caso concreto de ellos, se trató más de dirigirlos a enfocarse en lo que implica ser un líder masculino efectivo.

La Biblia señala que la falta de conocimiento es destructiva (Oseas 4:6). Hasta hace poco había una falta de literatura sobre el liderazgo en general. En realidad, más del noventa por ciento de todos los libros sobre liderazgo han sido escritos durante los últimos treinta años. Por supuesto, los modelos tempranos de liderazgo, desde el rey filósofo de Platón hasta el príncipe de Maquiavelo, no ostentaban el título de «líder». Tampoco la mayoría de los libros actuales abordan el tema del liderazgo masculino de una forma exclusiva.

Por último, creemos que a Satanás le encanta ver la confusión y el dolor que emana de un liderazgo masculino inefectivo. Conoce de sobra el valor que los hombres pueden aportar a sus familias, empresas y sociedades... como también las consecuencias cuando los hombres no asumen el rol dado por Dios. Ya que nuestro enfoque está en las pautas bíblicas del liderazgo masculino efectivo en el hogar, es importante no solo dirigir la atención al impacto negativo de la caída, del pecado y de Satanás, sino también hacer énfasis en las dimensiones positivas del liderazgo espiritual que Cristo ofrece, aspecto al que está dedicado el próximo capítulo.

PREGUNTAS:

1. ¿Por qué cree que los hombres están más abiertos a la presencia de Dios cuando están con otros hombres?

2. Mencione algunas razones de por qué tenemos hoy una crisis en el liderazgo masculino.

3. ¿Por qué cree que muchos hombres son reacios a tomar las riendas del liderazgo en el hogar?

4. ¿Cree que su esposa prefiere que usted sea el líder en casa? ¿Por qué?

CAPÍTULO 2

EL LIDERAZGO ESPIRITUAL EN LA FAMILIA

Este libro se basa en la premisa de que el liderazgo es un arte que debe ser aprendido y de que el temor de Dios es el principio de la sabiduría. Algunas personas nacen con características que los marcan desde el principio como líderes: personas con carisma e inteligencia. Incluso es mejor si son extrovertidos. Muchos nos damos cuenta del siguiente fenómeno típico: a principios de un nuevo año escolar, en especial al empezar el trimestre, cuando todos los estudiantes son nuevos, los que hablan más fuerte son seleccionados de manera habitual como los capitanes o los representantes de la clase. Invariablemente, en las semanas siguientes hay una especie de revolución porque no han aprendido cómo ser un líder.

Una personalidad extrovertida no define a un líder. A pesar de nuestras diferencias, todos los seres humanos han nacido con el potencial de ejercer el liderazgo. Es decir, influenciar a aquellos que están alrededor de uno para un propósito común. Esto es verdad en el liderazgo a nivel general y en particular en todo lo que tenga que ver con el liderazgo espiritual de la familia.

J. Oswald Sanders, en su clásico libro cristiano *Liderazgo espiritual*, le ha presentado a la iglesia un resumen excelente de lo que es el liderazgo espiritual. Utilizando su trabajo, yo quisiera ilustrar cuatro lecciones sobre el liderazgo en el hogar. Primero, buscar el liderazgo es una ambición honorable (1 Timoteo 3:1). El liderazgo honorable es aquel que «se alcanza no reduciendo a los hombres al servicio de uno, sino dándose uno mismo en un servicio desinteresado a los demás».[1]

La gran necesidad de la iglesia y del hogar es la clase de liderazgo con autoridad, espiritual y sacrificial. Es ese tipo de liderazgo honorable de servicio que Jesús enseñó, vivió y mandó a practicar a sus seguidores (Marcos 10:43-45).

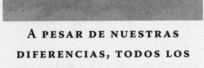

A PESAR DE NUESTRAS DIFERENCIAS, TODOS LOS SERES HUMANOS HAN NACIDO CON EL POTENCIAL DE EJERCER EL LIDERAZGO.

Segundo, existe una gran diferencia entre el liderazgo natural y el espiritual. Todos los líderes efectivos proveen una visión direccional, definen cómo alcanzar esta visión (una estrategia, en otras palabras), y movilizan a sus seguidores. La esencia del liderazgo es influenciar a otros hacia la consecución de una visión común. Esto es verdad en todos los tipos de liderazgo. Sin embargo, el líder natural tiene confianza en sí mismo, está centrado en el hombre y es ambicioso, hace sus propias decisiones, crea sus propios métodos, le gusta mandar a otros, tiende a sentirse motivado cuando le consideran personalmente, y es independiente. Por otro lado, el líder espiritual tiene confianza en Dios, busca la voluntad de Dios, honra a Cristo (Sanders usa la palabra se humilla a sí mismo), descubre y sigue los métodos de Dios, se deleita en obedecer al Señor, se motiva por el amor a Dios y a las personas, y es dependiente por completo de Dios.

Tercero, el liderazgo espiritual presupone ciertas cualidades sociales, morales, maritales, personales, domésticas e intelectuales, las cuales están resumidas en 1 Timoteo 3.

Por último, el liderazgo espiritual se evidencia en acciones prácticas tales como oraciones, la gestión efectiva del tiempo, el hábito de leer, la delegación de la autoridad y la generación de otros líderes, y cuenta de una manera deliberada los costos y peligros del liderazgo.

Es importante subrayar el hecho de que la familia es la cuna del desarrollo del liderazgo. J. Robert Clinton en *The Making of a Leader* [La formación de un líder] apodó los primeros años del líder como «la fundación soberana».[2]

> TANTO EN LA BIBLIA COMO EN LA SOCIEDAD CONTEMPORÁNEA HAY GRANDES LÍDERES EN OTRAS ÁREAS QUE A MENUDO HAN FALLADO DE UNA MANERA ESTREPITOSA EN EL HOGAR.

Reconoció que es en la familia donde el liderazgo espiritual de servicio se aprende, se pone a prueba, y donde también es más necesario.

Tanto en la Biblia como en la sociedad contemporánea hay grandes líderes en otras áreas que a menudo han fallado de una manera estrepitosa en el hogar. Nuestro padre Abraham, el padre de la fe, tuvo problemas en manejar su hogar (Génesis 16). La ineficacia en el liderazgo de Isaac como padre, unida a las intrigas de su manipuladora esposa Rebeca, trajo luchas entre los hermanos a gran escala, de tal manera que desde los tiempos de Esaú y Jacob el odio y el rencor han persistido en el Oriente Medio (Génesis 27—28). El favoritismo de Jacob y la falta de control sobre su familia dieron como resultado el abuso sufrido por José (Génesis 37). El liderazgo inefectivo de Elí en su hogar tuvo como consecuencia no solo la derrota del ejército de Israel, sino también su propia muerte y la de sus dos hijos, Ofni y Finés

(1 Samuel 4). Aun David, el líder piadoso de Israel, el hombre «conforme al corazón de Dios» demostró su ineficiencia como líder espiritual de su familia, con el resultado de que la espada llegó a ser el medio para resolver los problemas familiares en su hogar. La lección: Ser un líder en la sociedad o en la iglesia no implica necesariamente que usted sea un líder efectivo en el hogar.

He tenido el privilegio, durante mis tres décadas y media de una carrera de servicio público tanto nacional como internacional, de trabajar en diversos países, incluidos Australia, Inglaterra, los Estados Unidos, Sudáfrica, Namibia, Etiopía y mi nativa Gana. En la mayoría de los casos, he servido bajo líderes políticos y administrativos excelentes. Sin embargo, cuando uno cruza el frontal de sus casas, algunos de estos líderes han sido lo que llamo «el fracaso del éxito»: la apariencia de éxito esconde las realidades del fracaso moral y de los hogares rotos. No se puede asumir la efectividad del liderazgo en el hogar porque uno sea un líder en otras áreas de la vida.

Esta era, quizás, la razón por la cual Pablo señala en 1 Timoteo 3:1-7 a la vida doméstica como la prueba definitiva del liderazgo espiritual:

Se dice, y es verdad, que si alguno desea ser obispo, a noble función aspira. Así que el obispo debe ser intachable, esposo de una sola mujer, moderado, sensato, respetable, hospitalario, capaz de enseñar, no debe ser borracho ni pendenciero, ni amigo del dinero, sino amable y apacible. Debe gobernar bien su casa y hacer que sus hijos le obedezcan con el debido respeto; porque el que no sabe gobernar su propia familia, ¿cómo podrá cuidar de la iglesia de Dios? No debe ser un recién convertido, no sea que se vuelva presuntuoso y caiga en la misma condenación en que cayó el diablo. Se requiere además que hablen bien de él los que no pertenecen a la iglesia, para que no caiga en descrédito y en la trampa del diablo.

En el resumen que Pablo hace de las cualidades de los líderes espirituales se destacan tres cosas.

1. LA MADUREZ CRISTIANA. El líder «no debe ser un recién convertido» (v. 6). Esto es importante. Es la esencia del liderazgo cristiano. Significa que el líder espiritual no solo debe conocer a Dios a través del arrepentimiento y la fe en el Cristo resucitado, sino mucho más que eso, tiene que tener un historial de una vida cristiana consistente, de tal manera que el fruto del Espíritu —amor, alegría, paz, paciencia, amabilidad, bondad, fidelidad, humildad y dominio propio— se pueda observar en él (Gálatas 5:22-23). Esto permite también el desarrollo de la habilidad de ser un líder y mentor «capaz de enseñar a otros». La capacidad de comunicarse de forma efectiva y de instruir a otros es invaluable en el contexto de la familia, donde se les pide expresamente a los padres que instruyan a sus hijos en el Señor (Efesios 6:4).

2. UNA FIRME POSICIÓN PERSONAL EN LA COMUNIDAD. El liderazgo espiritual demanda un estilo de vida que otros deseen emular y seguir. Pablo incluye en este estilo de vida el estar por encima de cualquier reproche, la templanza, el dominio propio, el no ser dado a las borracheras, no ser violento sino gentil, no buscar pleitos, no amar al dinero, y no ser engreído. El hombre que ejercita estas cualidades será considerado de alta estima tanto en el hogar como en su comunidad.

3. **REQUISITOS FAMILIARES FUNDAMENTALES.** En la antigüedad, cuando la sociedad era predominantemente agraria, el liderazgo tuvo que ser aprendido, puesto a prueba y practicado en el hogar. Aun así, Pablo no dejó que el mismo fuera inferido, sino que las cualidades familiares esenciales del líder espiritual fueron identificadas de forma explícita. Primero, el líder espiritual tiene que ser «marido de una sola mujer». El líder ideal para Dios es un marido fiel, de una sola mujer, monógamo hasta la muerte. A continuación, en el nivel doméstico más básico, el líder debe «manejar su propia familia bien y ver que sus hijos le obedecen con adecuado respeto». Me gustaría que la iglesia, en su elección de los líderes, prestara más atención en esta cuestión. «Si alguno no sabe manejar su propia familia, ¿cómo podrá tener cuidado de la iglesia de Dios?»

> EL LÍDER ESPIRITUAL NO SOLO DEBE CONOCER A DIOS A TRAVÉS DEL ARREPENTIMIENTO Y LA FE EN EL CRISTO RESUCITADO, SINO MUCHO MÁS QUE ESO, TIENE QUE TENER UN HISTORIAL DE UNA VIDA CRISTIANA CONSISTENTE.

LAS TRES «M» DEL LIDERAZGO ESPIRITUAL

El liderazgo espiritual en la familia, así como el liderazgo efectivo en todas las otras áreas de la vida, involucra tres cosas. El líder está llamado a ser un modelo, un ministro y un mentor. Tienen que ser un *modelo* porque los seguidores ven, un *ministro* porque los demás sienten, y un *mentor* porque los otros escuchan.

1.   MODELO. Cada líder es un modelo para los otros tanto si se da cuenta como si no. Aunque esto es verdad en todas las áreas de la vida, en particular lo es más en el hogar. He visto doctores que han aconsejado a sus pacientes a abstenerse de fumar y beber, mientras que ellos fuman como una chimenea y beben como un pez. Esta conduc-

> **CADA LÍDER ES UN MODELO PARA LOS OTROS TANTO SI SE DA CUENTA COMO SI NO. AUNQUE ESTO ES VERDAD EN TODAS LAS ÁREAS DE LA VIDA, EN PARTICULAR LO ES MÁS EN EL HOGAR.**

ta no funcionará en el hogar, los esposos y los padres deben dirigir con el ejemplo. Los padres son llamados a modelar la bondad, la integridad y todo aquello que les dicen a sus hijos que hagan. Sus acciones afectarán aun a las generaciones por nacer. Los maridos, los padres y todos los líderes son exhortados a modelar el liderazgo en tres áreas en concreto:

   a)   *Tienen que modelar la paternidad de Dios*. A veces me pregunto por qué Dios escogió revelarse a sí mismo como Padre, ya que esto me hace sentir incómodo al ser un padre terrenal falible. No obstante, al mismo tiempo poder ser llamado «padre» es el mayor honor. Esto significa que mis hijos deben ver algo en mí, aunque solo sea una sombra, de la paternidad de Dios: su providencia; su autosacrificio, en especial al enviar a su propio hijo Jesucristo; su amor puro e incondicional; su justicia, que está perfectamente equilibrada con su misericordia; y por encima de todo su cuidado amoroso y tierno.

   Cada vez que nuestras esposas y nuestros hijos oran: «Padre nuestro, que estás en los cielos...» de alguna manera están diciendo que Dios es como su padre. Esto significa que los esposos y los padres deben esforzarse por ser modelos en la tierra mientras confiesan sus defectos y fracasos al hacerlo. Nuestras familias no están buscando que seamos perfectos. Ellos se dan cuenta cuando nosotros deseamos seguir a Cristo de manera genuina.

b) *Son modelo del esposo ideal para sus hijos y para sus hijas.* No creo que yo sea único entre todos los padres, y por lo tanto lo que voy a decir lo han escuchado prácticamente todos los padres. Cada hijo, en especial cuando no puede distinguir entre lo bueno o lo malo, aspira a ser igual que su padre. ¡Vaya! ¡Qué responsabilidad que un hijo desee ser como uno! Un día nuestra hija Eunice fue a una boda con su madre. Tenía solo cinco años. Cuando regresó a casa, el primer comentario que hizo fue el siguiente: «Papá, quiero que te cases conmigo». Mi esposa trató de resolver la situación explicándole que soy el esposo de mamá y que un padre no puede casarse con su hija. Convencida por el argumento de su madre, dijo: «Entonces cuando crezca quiero casarme con un hombre como papá». Hoy en día no estoy tan seguro, como médico militar con veinticinco años de servicio, de que quiera casarse con un hombre como yo. Pero el hecho de que aún recuerde la escena después de dos décadas sugiere que su expresión infantil me desafió a vivir la vida como esposo de tal

> EL CRISTIANISMO PARA EL LÍDER ESPIRITUAL NO ES UNA CUESTIÓN DE QUE «UNA VEZ ME CONVERTÍ» SINO UNA PRÁCTICA DIARIA.

manera que mis dos hijas quisieran tener esposos como yo.

Los maridos deben ejemplificar al esposo bíblico que ama a su esposa de una manera incondicional. La cuida; la respeta; busca conocerla y entenderla; provee para sus necesidades emocionales, espirituales y físicas; y la alaba (Proverbios 31:28-31, 1 Corintios 7:1-7, Efesios 5:22-33, 1 Pedro 3:7). Al hacer esto no solo estará cultivando a una mujer feliz y contenta sino también estará formando o preparando a sus hijos para ser maridos y padres efectivos, dándoles a sus hijas lecciones para saber qué deben buscar en un esposo.

c)   *Modelan el cristianismo auténtico.* El líder espiritual modela el cristianismo en la práctica, en la manera personal de vivir, en el hogar, en el trabajo y en la sociedad. Esto está muy claro en 1 Timoteo 3:1-7. El cristianismo para el líder espiritual no es una cuestión de que «una vez me convertí» sino una práctica diaria. Esto significa vivir sin ningún pecado conocido; admitir y confesar cualquier error cuanto este ocurre o se comete; pedir perdón y la plenitud del Espíritu Santo; leer y meditar en la Palabra de Dios día y noche (Josué 1:8); darle prioridad a la comunión cristiana, tanto en un grupo pequeño como en la iglesia local; involucrarse personalmente en algún ministerio cristiano; ayudar en los asuntos del reino con los bienes propios; y hacerlo todo como para el Señor. Por encima de todo esto, el líder espiritual está bajo el pastorado de Jesús. De tal manera, que la mayor marca distinguible de un cristiano modelo es su sumisión a Jesús como el Señor que debe ser honrado y obedecido.

2. Ministro. La palabra *ministro* está perdiendo con rapidez su significado. Sencillamente significa servidor. Ministrar es servir. El líder espiritual es un líder servidor. El líder espiritual de su familia es aquel que dedica su vida a servir tanto a su esposa como a sus hijos, y con ellos a otros. Pablo les dijo a los cristianos de Corinto que ellos habían tenido muchos guardianes pero pocos padres (1 Corintios 4:15). Tal vez a su familia no le hayan faltado maestros, jefes y amigos, pero es muy posible que solo le hayan tenido a usted y a unos pocos hombres que teman a Dios y que puedan servirles como padres. El modelo de líder por excelencia es Jesús, que en Juan 13 demostró su liderazgo servidor al lavar los pies de los discípulos. Él les dijo: «¿Entendéis esto? Dichosos seréis si lo ponéis en práctica» (Juan 13:17). Los líderes que Jesús busca son líderes servidores, y nuestras familias tienen que aprender esta clase de servicio de sus esposos y de sus padres en el hogar.

La ironía es que en muchas casas el que suele ser más servido es el esposo y el padre. Tiene su ropa limpia y planchada, su casa está limpia, y algunas veces hay que recoger sus calcetines sucios y sus zapatos dejados de cualquier manera en el comedor, de lo cual yo también soy culpable. Esto es justo lo opuesto al patrón bíblico. Por supuesto, algunas cosas deben ser realizadas para él, en especial si tiene que pasar una buena parte del tiempo fuera de

Cuando llega el tiempo de cuidar a los hijos, lo más seguro es que algunos padres se esfuercen por satisfacer las necesidades físicas y pagar las matriculas escolares, olvidándose de las necesidades espirituales y sociales de sus retoños.

casa ganándose la vida para la familia. Pero cualquiera que llega a casa del líder espiritual no debe tener ninguna duda acerca de quién es el que sirve a todos.

Las esposas también son llamadas a ser líderes servidoras en su hogar. Pero al esposo y al padre se les exhorta a ministrar de otra manera. Primero, las esposas necesitan la comprensión y el apoyo de sus esposos mientras ellas están teniendo sus cambios biológicos y químicos únicos durante los períodos menstruales, el embarazo y la menopausia.

Segundo, muchas veces las esposas y las madres sacrifican su profesión, su desarrollo personal y su comodidad para ayudar a sus esposos e hijos a desarrollarse. Se espera que el esposo espiritual ande una milla extra para asegurarse de ayudar a sus esposas en el momento apropiado y que así ellas desarrollen todo su potencial. En mi familia, tanto los hijos como el papá estamos agradecidos de que la mamá hubiera dejado su profesión como maestra para ver a sus hijos ir a la escuela. Y es una alegría que durante los últimos seis años ella se haya animado a proseguir sus estudios en teología y una maestría en liderazgo. ¡Después de todo este tiempo, tanto su vida personal como su carrera profesional se reanudan a los cincuenta y cinco! Oramos para que se decida a obtener su doctorado.

Tercero, a las esposas se les debe servir ayudándolas a hacer las tareas domésticas. Ellas sirven a otros, desde haciendo la comida hasta lavando la ropa sucia. Y en el momento apropiado el líder le debe dar unas «vacaciones» para disfrutar de un descanso de sus responsabilidades domésticas diarias o semanales. La colaboración doméstica ayuda a las esposas a sentirse amadas y honradas.

Cuando llega el tiempo de cuidar a los hijos, lo más seguro es que algunos padres se esfuercen por satisfacer las necesidades físicas y pagar las matriculas escolares, olvidándose de las necesidades espirituales y sociales de sus retoños. De modo invariable, es necesario dedicar un tiempo para estar con ellos, para expresarles cariño, para estar a su lado en los partidos, para asistir a las reuniones de padres y profesores, así como para escucharlos. Haciendo esto, usted se gana el derecho a ser su mentor.

SU FAMILIA DEBE VERLE SOMETIDO EN OBEDIENCIA A LA AUTORIDAD DE JESUCRISTO, MEDITANDO EN LA PALABRA DE DIOS DÍA Y NOCHE, ORANDO POR USTED Y SU FAMILIA, Y SIRVIENDO AL SEÑOR.

3. MENTOR. Un mentor es un consejero con experiencia y confiable dedicado al desarrollo de otra persona, usualmente más joven y con menos experiencia. Un requisito previo para ser mentor es ser un modelo y tener la voluntad de servir a aquel que queremos instruir. Pero ser mentor es más que ser un modelo. Instruir requiere mostrar un interés especial por otro, trabajar con él para que se dé cuenta de todo su potencial. Es necesario citar a J. R. Clinton en esta área:

La consejería es un proceso relacional donde el consejero y el aconsejado trabajan juntos para descubrir y desarrollar las habilidades latentes de la persona que se desea aconsejar, para así proveerle el conocimiento y las habilidades necesarias en la medida en que las oportunidades aparezcan. Supone transferir los recursos de sabiduría, información,

2 El liderazgo espiritual en la familia

experiencia, confianza, ideas, relaciones y estatus al aconsejado en un tiempo y manera apropiados de tal forma que esto facilite su desarrollo y su fortalecimiento.[3]

ALGUNOS ASPECTOS PRÁCTICOS DE LLEVAR A CABO EL LIDERAZGO ESPIRITUAL EN EL HOGAR

Uno quizás pueda preguntarse: ¿Cómo pueden los hombres poner en práctica estas tres dimensiones del liderazgo espiritual en la familia? Anticipándonos a los siguientes capítulos de este libro, y de ninguna manera buscando ser normativo, lo que viene a continuación son algunas formas prácticas en las que uno puede dirigir a su familia espiritualmente:

> *Reconocer que está bajo el liderazgo de otro.* El líder espiritual está primero y por encima de todo bajo el liderazgo de Jesucristo, el buen pastor (Juan 10:11). Reconocer esto es el primer paso en el liderazgo servidor. Uno que está bajo autoridad dirige a su gente en nombre de y bajo el tutelaje y la vigilancia del Pastor. Como modelo, ministro y mentor, el líder espiritual debe buscar a diario seguir al Señor.

Su familia debe verle sometido en obediencia a la autoridad de Jesucristo, meditando en la Palabra de Dios día y noche (Josué 1:8), orando por usted y su familia como hizo Job (Job 1:5), y sirviendo al Señor. No puede esperar que su familia le siga si usted no sigue a Jesús. «Imitadme a mí, como yo imito a Cristo», dijo Pablo en 1 Corintios 11:1.

Clarificar su misión y visión como líder. Tiene que tener claro lo que Dios requiere de usted para ser un líder espiritual. Tiene que estar conciente de su rol de liderazgo como marido y padre, y comprometerse a sí mismo a ello. Esto es importante, porque si no su liderazgo estará determinado por las tradiciones socioculturales de la sociedad en la que vive, la educación de su familia de origen y las tendencias de la época en vez de por los principios bíblicos.

Establezca sus objetivos espirituales con y para su familia. Los hombres están orientados a los objetivos. Tienden a actuar de una manera mejor cuando tienen unos objetivos claros para ellos mismos. Les daré algunas ilustraciones personales. Mis objetivos como marido son hacer de mi esposa «la mujer más feliz del mundo» y ayudarla a desarrollar de una manera completa todo el potencial que Dios le ha dado. Sé que cuando muera todavía estaré intentando conseguir estos objetivos, pero me motivan a ser un marido más amoroso y cuidadoso. Cuando usted lea este libro, Georgina y yo habremos celebrado nuestro treinta aniversario de matrimonio. Aún me queda un largo camino para alcanzar estos dos objetivos fundamentales.

También tengo otros objetivos para mi familia, menos elevados, pero no menos importantes. No tengo que exasperar a mi esposa. Estoy decidido a compartir todo de tal manera que podamos ser uno en espíritu, alma y cuerpo. Otros objetivos surgen a lo largo del camino. En especial si los hijos ya han crecido. Georgina necesita tiempo para reorientarse hacia un ministerio mayor fuera del hogar y ser independiente por si el Señor me llamara a su casa antes. Ella ahora incluso conduce en Gana. Es la primera vez que lo hace porque tenía miedo de los conductores temerarios que corrían por allá, y también espero que llegue a gustarle ir a los bancos a firmar los cheques, algo que detesta.

Antes de tener hijos, oré que cada uno de ellos aceptara al Señor antes de tener trece años y que cada uno de los hijos, según el Señor nos lo permitiera, pudiera completar la universidad. Estamos casi alcanzando este objetivo en el momento de escribir este libro. Para los hijos tomé como indicación Lucas 2:52, el cual interpreté como una exhortación para ayudar a cada uno a crecer espiritual, intelectual, social y físicamente.

Busque aliados fieles y confiables. En nuestro liderazgo espiritual, tenemos al Dios trino (Padre, Hijo y Espíritu Santo) como nuestro Ayudador. La Biblia también es nuestro mejor manual. Pero además, Dios nos ha dado a otras personas que pueden ayudarnos. Para este fin, lo más importante es saber elegir. Cuando uno puede elegir, la comunidad en la que vive, la iglesia en la que tiene comunión y las escuelas a las que sus hijos asisten facilitarán o dificultarán su liderazgo espiritual. Sea sabio y permanezca en oración al hacer decisiones con respecto a lo anterior si no quiere terminar como Lot, que escogió vivir en Sodoma y Gomorra y terminó perdiéndolo casi todo. Lot decidió escoger su residencia solo en base al potencial económico y terminó perdiendo sus propiedades y a su propia esposa (Génesis 13, 14, 18).

El altar familiar. Para dirigir el hogar espiritualmente es esencial lo que se ha llamado de modo tradicional «el altar familiar». Esto no se refiere a un altar físico sino a un tiempo apartado para leer la Biblia y orar como familia. Es un tiempo cuando toda la familia se reúne para orar, adorar, compartir las Escrituras y animarse mutuamente.

Cuando nuestros hijos eran pequeños, Georgina y yo teníamos dos encuentros al día. Durante los seis años que vivimos en Teaneck, Nueva Jersey, toda la familia íbamos a la escuela y trabajábamos en la ciudad de Nueva York. Así que los devocionales familiares se hacían en el coche (de manera literal, un altar movible) al afrontar el tráfico diario. Por las noches eran más breves, no debido precisamente a los niños, sino porque papá tenía el don único de dormirse después de las ocho de la noche si solo había diez minutos de silencio.

El desafío es hacer del tiempo de adoración un tiempo de entusiasmo, en especial para los más pequeños, sin que llegue a ser aburrido para los mayores. En nuestro caso, cuando el más pequeño tenía tres años, era el que en la noche iba gritando detrás de nosotros: «¡Devocional, devocional!» El secreto no estaba en nuestra ingeniosidad, sino en el regalo de Dios para la iglesia que representa la persona del Dr. Kenneth Taylor y de otros que han escrito libros devocionales que los niños adoran y que a ningún adulto desagradan.

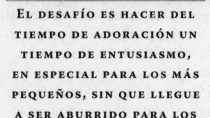

EL DESAFÍO ES HACER DEL TIEMPO DE ADORACIÓN UN TIEMPO DE ENTUSIASMO, EN ESPECIAL PARA LOS MÁS PEQUEÑOS, SIN QUE LLEGUE A SER ABURRIDO PARA LOS MAYORES.

El liderazgo en el hogar es la verdadera prueba de la espiritualidad. Esto se debe a que podemos engañar con facilidad a cualquiera con nuestra hipocresía, pero no así a los miembros de nuestra familia. Esta es la razón por la que no puedo olvidarme de lo que decía el Dr. John Hunter: «Si un hombre dice que está lleno del Espíritu Santo, se lo preguntaré a su esposa».[4]

PREGUNTAS:

---

1. ¿Por qué cree que Dios señaló al hombre para que fuera el líder espiritual de su familia?

2. Algunos hombres son por naturaleza líderes fuera del hogar. ¿Cree usted que esto les hace ser líderes espirituales en el hogar con mayor facilidad? ¿Por qué?

3. ¿Qué quiere decir el autor cuando describe a alguien como un «fracaso del éxito»?

4. ¿Por qué crees que 1 Timoteo 3:1-7 relaciona el liderazgo del hombre en el hogar como el criterio primario para el liderazgo en la iglesia?

5. Describe la relación ideal entre el mentor y su discípulo.

CAPÍTULO 3

PRINCIPIOS Y VALORES EN EL LIDERAZGO PERSONAL

En enero del 2000, me encontré en la posición de máxima responsabilidad en una institución de educación superior como director general del Instituto de Gestión y Administración Pública de Gana. Por supuesto, había una junta de directores y otros colegas para dirigir y administrar el instituto. Y muy a menudo me vi en una posición donde todo el mundo me miraba en busca de dirección y guía. Entonces me di cuenta de que el líder primero tiene que dirigirse a sí mismo.

Aunque Dios es nuestro líder supremo, continuamos teniendo la responsabilidad de dirigirnos a nosotros mismos y a otros. De esta manera, podemos compararnos con un ejército. El general tiene un liderazgo total y da las

> AUNQUE DIOS ES NUESTRO LÍDER SUPREMO, CONTINUAMOS TENIENDO LA RESPONSABILIDAD DE DIRIGIRNOS A NOSOTROS MISMOS Y A OTROS.

órdenes principales, pero los comandantes de rango inferior todavía tienen que ejercitar su liderazgo y rendir cuentas. En ocasiones, deben buscar la guía o la dirección del general, y un comandante sabio lo hará. Pero en el día a día, tienen que ir adelante para continuar con su trabajo y dirigir a sus hombres. El paralelo con el liderazgo espiritual se ve con claridad en la vida de Moisés.

Se le dijo que fuera a Egipto y dirigiera al pueblo de Israel para sacarlo de su esclavitud y llevarlo hacia Canaán. Después de vencer su propia resistencia para asumir el liderazgo, aceptó el desafío del cargo. Tardó mucho tiempo en convencer a su propia gente y al faraón. Los cuarenta años que vagaron a través del desierto y las lecciones que estos presentaron para el liderazgo están ampliamente recogidos en el libro de Éxodo. El punto que quiero enfatizar aquí es que Moisés se retiraba de forma periódica para hablar con Dios y buscar dirección fresca y ánimo… es decir, se lideraba a sí mismo para ser un mejor líder de los demás.

EJERCICIO

Considere su vida como un tipo de rueda, con los diferentes radios representando las diversas áreas de su vida, por ejemplo vida espiritual, vida familiar y vida profesional (véase Cuadro 3.1). En cada uno de los radios, indique cómo se calificaría a sí mismo desde el 0 (en el centro) hasta el 10 (para lo más alto o lo mejor que pueda ser) sobre la rueda. Por ejemplo, si está el cincuenta por ciento satisfecho con el estado de sus finanzas, marcará un punto medio en el radio de la vida financiera. Si está satisfecho un veinticinco por ciento, estará a un cuarto de distancia del centro. Cuando haya acabado todos los radios, conecte todos los puntos en los radios.

CUADRO 3.1

LA RUEDA DE LA VIDA

¿Cómo interpreta los resultados? La forma del diagrama que resulta de conectar los puntos, indica el equilibrio en su vida. Cuanto más se parezca a un círculo, más equilibrada estará su vida. En los radios individuales, las marcas cerca del centro indican áreas en las que usted necesita poner mayor atención. Al final, su objetivo deberá ser trabajar para llegar al círculo en todas las áreas de su vida.

El autoliderazgo no está en oposición a la dependencia en Dios. Un liderazgo propio efectivo determinará si otros querrán seguirle y continuar haciéndolo. Mucho de lo que hemos dicho en este capítulo se puede resumir en términos de magnitud, equilibrio, y más que todo, de dirección de la rueda de la vida.

La parte más importante del ejercicio de la rueda no es condenarse a uno mismo, sino apuntar a una respuesta positiva. Primero, donde uno calificó más bajo indica el área que requiere la acción más urgente para alcanzar un equilibrio relativo en la vida propia. Segundo, la rueda por sí misma puede crecer mucho más… es decir, el potencial de la vida no está limitado por un aro fijo de metal. Tercero, la rueda suele ir dirigida por sus valores y principios. Cuarto, la rueda no está en uso si no se mueve. Su misión, visión y objetivos —en pocas palabras, el marco estratégico de su vida— debería darle propósito y dirección para su autoliderazgo.

> **MUCHOS HAN CONSAGRADO SUS VIDAS A LA OBTENCIÓN DE DINERO, PODER Y FAMA, DESCUIDANDO A SU FAMILIA Y AUN SU VIDA ETERNA.**

PRINCIPIOS DEL AUTOLIDERAZGO

En las librerías abundan los libros de cómo organizar los desafíos de la vida: el dinero, la salud, la gestión del tiempo, la vida sexual. Sin embargo, lo que falta en muchos de estos libros son los valores morales, con el resultado de que aquellos que siguen sus soluciones rápidas, a menudo terminan en situaciones peores. Así que, antes de que aportemos los tres elementos principales en el proceso de dirigirse a uno mismo, a saber, planificación estratégica y personal, autogestión y administración efectiva del tiempo, necesito enfatizar los principios esenciales que deben conducir a un autoliderazgo y administración efectivos para los cristianos.

A menudo escuchamos la expresión «ascender en la carrera corporativa». La pregunta es: ¿En qué pared se está apoyando la escalera? No queremos alcanzar la cima solo para darnos cuenta de que hemos escalado la pared equivocada.

Muchos han consagrado sus vidas a la obtención de dinero, poder y fama, descuidando a su familia y aun su vida eterna. Por lo tanto, vamos a mirar ocho principios que deberían reforzar la búsqueda del liderazgo personal efectivo. Ellos son: el principio de la organización, los valores, las prioridades, la capacidad de construir, la formación de hábitos, la disciplina, las actitudes y la pasión.

EL PRINCIPIO DE LA ORGANIZACIÓN: La vida se compone de una serie de decisiones, porque no hay ningún hombre que lo pueda hacer todo (véase Cuadro 3.2, página 51). Por eso, cuando nos corresponda, deberemos tomar las decisiones oportunas. Algunas de estas decisiones pueden ser clave en la vida, como la elección de la esposa, la profesión o el lugar de residencia. Otras son más simples, como a qué restaurante iremos a comer o qué vestido nos pondremos para la próxima función. Muchas de nuestras decisiones diarias son hechas de una manera inconsciente porque fluyen de nuestros principios y son guiadas por ellos, los cuales modelan nuestras vidas. Por ejemplo, el hombre de negocios es impactado grandemente por el aspecto más básico, que es el dinero; mientras que el poder motiva a muchos políticos en todas sus relaciones.

En su libro *Primero, lo primero*, Stephen Covey, A. R. Merrill y R. R. Merrill introducen el concepto poderoso del «norte verdadero» en la organización personal.[1] Utilizan el reloj para ilustrar nuestros compromisos, citas, horarios, objetivos y actividades: lo que hacemos y cómo administramos nuestro tiempo. Por otro lado, usan también el compás para representar nuestra visión, valores, principios, misión, conciencia y dirección. Señalan que mucha gente tiene dificultades en la vida porque hay una brecha entre dónde están invirtiendo sus vidas (su reloj) y lo que ellos valoran más (su compás). Los autores sugieren que la gente debería usar su percepción, conciencia, libre albedrío e imaginación creativa para emplearlos en encontrar su «norte verdadero» o su principio director en la vida. Aunque no estoy de acuerdo con esta manera humanista de buscar la dirección (porque basarse en la propia percepción, la conciencia, la voluntad independiente y la imaginación nos lleva a la frustración y no a la vida que Jesús promete), el concepto del «compás» y el «norte verdadero» son herramientas poderosas para explicar lo que queremos decir con nuestro principio de organización.

Los cristianos tienen «un norte magnético» o un punto referencial fijo en todos los temas de la vida y de la conducta. Este punto referencial es Jesucristo, con el cual el compás de nuestra vida debe ser alineado. El escritor de Hebreos declara: «Fijemos nuestros ojos» (Hebreos 12:2). Nuestras vidas deben fijarse según un punto de referencia incambiable e inmutable, y Jesús cumple este criterio de tres maneras: primero, él es el perfecto modelo y líder servidor. En sus estándares tenemos la norma del liderazgo. Pero aun más importante, la razón de que el reloj se mueva en círculo y no nos lleve a ninguna parte, como lo hace el compás, es debido a que le falta el sentido de señalar a un «norte magnético». A través de la muerte y resurrección de Jesús, aquellos que se han arrepentido de sus pecados y han confiado en él como Salvador tienen el Espíritu Santo en ellos. Por lo tanto, están vinculados a Cristo, de la misma manera que el compás automáticamente señala hacia el norte magnético. Por último, pero no menos significativo, Jesús ha andado el camino que él le pide a sus siervos andar, dejándonos indicaciones para seguirlo (Juan 13:15; 1 Pedro 2:21-24).

> **LOS CRISTIANOS TIENEN «UN NORTE MAGNÉTICO» O UN PUNTO REFERENCIAL FIJO EN TODOS LOS TEMAS DE LA VIDA Y DE LA CONDUCTA. ESTE PUNTO REFERENCIAL ES JESUCRISTO, CON EL CUAL EL COMPÁS DE NUESTRA VIDA DEBE SER ALINEADO.**

Como cristiano, estoy llamado a vivir de acuerdo con la Palabra de Dios; amar a mi esposa, familia y vecinos; y trabajar con ahínco. ¿Cómo equilibro estas y otras demandas?

Todo el mundo tiene un principio de organización, el cual puede estar evidente o implícito. El político puede ver como su guía la búsqueda del poder, mientras el hombre de negocios considera que la suya es el dinero, los artistas la fama, y los atletas las medallas. Estos principios y objetivos rectores pueden controlar sus personas de forma inconsciente. Para el cristiano, Jesucristo es el principio organizador efectivo, su «norte magnético verdadero». Si estoy dispuesto a obedecer a Jesús y su palabra, automáticamente amaré a mi familia y vecinos, seré un profesional diligente y fiable. Aun más, mi principio organizador no solo me seguirá a través de los escenarios cambiantes de la vida, sino también hasta la eternidad. De cierta manera, ser cristiano significa vivir una vida sumamente simplificada. La complicación viene solo cuando somos desobedientes, tememos la persecución y, como nuestros primeros padres, escogemos ser independientes en vez de depender de Dios.

VALORES: El principio de organización es indispensable para un liderazgo centrado en los principios. No obstante, esto tiene que ser traducido en valores. En otras palabras, ¿qué significa ser un siervo de Jesús en nuestro vivir diario? Por ejemplo, un valor bíblico principal es la integridad personal. Esto tiene que ver con la ética de uno (el aspecto teórico o la creencia) y la moralidad de uno (el aspecto práctico). Una persona de integridad exhibe tanto una ética como una moralidad muy alta en su vida. La ética de un individuo puede ser defectuosa dependiendo de cómo ha sido educada su conciencia. Uno puede ser una persona de integridad, es decir, ser fiel a su ética, y ser por completo inmoral. Hay gente que cree que no hay nada malo con el sexo fuera del matrimonio, o que si mata a alguien que no comparte sus creencias religiosas, usted ya está justificado; además, si muere en el mismo acto al tratar de hacerlo, es doblemente bendecido. Liberarse de esta creencia es una marca de integridad, pero no es la clase de integridad de la que estamos hablando aquí.

> **EL LÍDER MASCULINO EFECTIVO ES AQUEL QUE NO TIENE TAN SOLO SU PRINCIPIO ORGANIZACIONAL CORRECTO, SINO QUE LO HA TRADUCIDO EN VALORES Y NORMAS BÁSICAS DE CONDUCTA.**

Para los cristianos, nuestra ética si importa. El cristiano obtiene sus valores y principios de la Biblia, con Jesús como modelo. Nuestras normas éticas están incluidas en el Sermón del Monte de Jesús, y su liderazgo está establecido dentro de los parámetros del líder servidor.

El líder masculino efectivo es aquel que no tiene tan solo su principio organizacional correcto, sino que lo ha traducido en valores y normas básicas de conducta, mostrando amor, honestidad, confiabilidad, integridad, humildad y compromiso.

PRIORIDADES: Un verdadero líder se dirige a sí mismo y dirige a otros. Cada uno vive bajo la limitación de los recursos disponibles, el tiempo, el dinero, la logística y la energía, y estos siempre escasearán. Un determinante principal del liderazgo será por lo tanto la habilidad de fijar y establecer prioridades para enfocarse en lo importante. El primer paso en esta dirección es determinar lo que el líder debe y no debe hacer, y lo que debe alentar que otros hagan.

El líder debe conocer que no puede hacerlo todo, de hecho, muchos líderes dicen que no a muchas actividades para hacer algunas pocas cosas bien. Esto requiere dos cosas. Primero, la capacidad de discriminar entre aquello que es esencial y lo que es importante pero no es esencial; y entre aquello que es útil pero no necesario y lo que es trivial. En otras palabras, de la multitud de decisiones que tenemos que enfrentar a diario, los líderes tienen que imponerse a sí mismos normas estrictas para determinar en qué cosas deben involucrarse y cuáles deben dejar que otros hagan.

CUADRO 3.2

EJERCICIO SOBRE LAS PRIORIDADES

Haga una lista de todo lo que hizo en un determinado día (o lo que hará). Si es minucioso y honesto, su lista puede enumerar más de cien cosas en un día típico. Ahora vuelva a ella y clasifique sus actividades de acuerdo con la siguiente escala, la cual fue desarrollada por Richard Foster:

1. Esencial
2. Importante pero no esencial
3. Útil pero no necesario
4. Trivial

¿Cuántas actividades listó?
¿Cuántas fueron esenciales y triviales?
¿Qué le dicen ellas acerca del uso de su tiempo?
¿Qué debe hacer para reordenar sus prioridades?

Fuente: Bickel y Jantsz (1998).

En un documento que presenté en un seminario del personal del parlamento en Gana y Nigeria en marzo del 2003, compartí un ejercicio prioritario, presentado en el Cuadro 3.2. Este simple ejercicio ayuda a distinguir los árboles del bosque.[2]

Los líderes no dejan las cosas importantes sin hacer; más bien, motivan a otros a hacerlas. Son líderes en virtud de sus seguidores. Por lo tanto, los líderes inspiran, motivan y movilizan a los demás para realizar otras funciones que ellos no pueden hacer por sí mismos. Por consiguiente, un complemento a priorizar que debe ocupar la atención, el tiempo y la energía del líder es la delegación eficaz. Esto es un arte que cada líder debe aprender.

La esencia de la delegación no radica en pasar a otros simplemente los trabajos porque son desagradables. La delegación efectiva es diferente. Involucra el análisis del trabajo que debe hacerse para separarlo en diferentes categorías: (a) Lo que debe hacer el líder mismo. Por ejemplo «animar el corazón», es decir, inspirar, motivar y fortalecer al personal, la esposa y los hijos. Esto no puede ser delegado. El líder debe tener tiempo para ellos. De manera similar, lanzar la visión y establecer el objetivo debe ser una tarea compartida con otros, pero ningún líder puede delegarla y continuar siendo efectivo. (b) Hay ciertos trabajos que deben ser hechos por el líder con la ayuda de otros, o por otros con la ayuda del líder. Para el presidente de una compañía, dirigir al personal es un ejemplo de lo primero, mientras que ayudar a sus hijos con los deberes es un ejemplo de lo último. Esto es todo lo que implica el trabajo en equipo: dos o más personas trabajando juntas para alcanzar un objetivo mutuo. (c) Por último, hay ciertos trabajos que el líder debe permitir que otras personas desarrollen completamente por ellas mismas. La delegación es un ejercicio en el que se establecen prioridades para el líder y se fortalece a los seguidores.

Covey capta de manera excelente el establecimiento de las prioridades en *Primero, lo primero* cuando distingue entre lo urgente y lo importante.[3] Muchas cosas llegan a nosotros como asuntos urgentes, reclamando nuestra atención. Algunas no son importantes, lo que incluye ciertas reuniones, llamadas telefónicas y correspondencia. Otras, como las crisis, los problemas con una fecha límite y ciertos proyectos son urgentes e importantes. De todas maneras, muchas de las cosas llamadas urgentes e importantes surgen debido a que otras más críticas o importantes como la preparación, la prevención, la construcción de valores, la planificación y la capacitación no han recibido en el pasado la atención adecuada. El líder eficaz se enfoca en estas cosas aun cuando en ese momento no aparezcan como urgentes.

La capacidad de construir: El autor de Eclesiastés nos ha dejado una declaración muy adecuada que resume lo que intentamos presentar bajo el punto de la capacidad de construir: «Si el hacha pierde su filo, y no se vuelve a afilar, hay que golpear con más fuerza» (Eclesiastés 10:10). La habilidad del liderazgo tiene que ser desarrollada; la experiencia técnica, específica para el trabajo, tiene que ser adquirida; las capacidades del más alto nivel de ejecución, alineadas desde la formación y la comunicación tecnológica hasta el manejo del tiempo, deben ser aprendidas. Muchos fallan como líderes por su falta de preparación. Esta

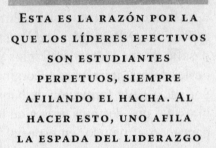

ESTA ES LA RAZÓN POR LA QUE LOS LÍDERES EFECTIVOS SON ESTUDIANTES PERPETUOS, SIEMPRE AFILANDO EL HACHA. AL HACER ESTO, UNO AFILA LA ESPADA DEL LIDERAZGO EFECTIVO.

es la razón por la que los líderes efectivos son estudiantes perpetuos, siempre afilando el hacha. Al hacer esto, uno afila la espada del liderazgo efectivo, evita la pérdida de tiempo y facilita conseguir los resultados. Cuando le digo a la gente que he estudiado más durante estos cuatro años que en cualquier otro período de mi vida debido a que soy director general, no se lo creen. La realidad es que nunca me he sentido tan insuficiente en tantas ocasiones como cuando asumí el rol de liderazgo hacia la mitad de los cuarenta. Aun peor, como líder se espera que yo sepa todas las respuestas, y muchas veces mis subordinados se sienten defraudados cuando los tengo que referir a otros más expertos que yo en un área concreta. Hay una gran tentación para el líder de asumir la omnisciencia, y esto debe ser evitado. Con todo, es necesario que cada líder estudie continuamente (2 Timoteo 2:15).

La capacidad de construir viene a través de la instrucción formal, del aprendizaje continuo y de la práctica. Los verdaderos líderes son estudiantes perpetuos de la Palabra de Dios. Aprenden tanto de los mentores como de aquellos que están siendo enseñados, así como por medio de la sensibilidad a su entorno acompañada de un afán de aprender de cualquiera y de todas las situaciones. Esto hace del liderazgo servidor un ejercicio de humildad. Expandir de continuo la capacidad de cada uno como líder es algo que tiene su recompensa.

LA FORMACIÓN DE HÁBITOS: En nuestro libro *The Challenge of Parenting: Principles and Practice of Raising Children* [El desafío de ser padres: principios y prácticas en la educación de los hijos], mi esposa Georgina y yo enfatizamos la importancia de la formación de hábitos en la educación de los hijos. Lo que decimos acerca de los hijos también es verdad para todo el mundo, en especial para los líderes. Hacemos muchas cosas según nuestros hábitos, incluyendo aquellas como comer y conducir. El problema es que los malos hábitos se crean con facilidad y son difíciles de eliminar, mientras que los buenos hábitos son difíciles de adquirir y se pierden con facilidad. Otros quizás puedan argumentar que uno no puede enseñarle a un perro viejo trucos nuevos. Afortunadamente, las personas no son perros. Los seres humanos, teniendo en cuenta su voluntad y las oportunidades, son los más adaptables en el mundo.

LOS MALOS HÁBITOS SE CREAN CON FACILIDAD Y SON DIFÍCILES DE ELIMINAR, MIENTRAS QUE LOS BUENOS HÁBITOS SON DIFÍCILES DE ADQUIRIR Y SE PIERDEN CON FACILIDAD.

Los líderes cristianos efectivos identifican los buenos hábitos y los aprenden. Esto incluye el hábito de esperar en Dios en la oración y el estudio bíblico personal, el hábito de leer buena literatura, el hábito de escuchar de manera activa, y el hábito del pensamiento estratégico o sistemático, que es el arte del pensar de forma global y discernir las conexiones que haya entre los temas.

Hay un hábito que aprendí cuando me hice cristiano en mis últimos años de adolescente. Es la costumbre de despertarme alrededor de las cinco de la mañana para leer la Biblia y orar. Ahora, como director y líder, digo que mi tiempo entre las ocho de la mañana y las cinco de la tarde no me pertenece. Pero el hábito de despertarme temprano que adquirí en aquellos días, algunas veces incluso a las cuatro de la mañana, me permite pasar tiempo a solas con Dios, organizar mis actividades, escribir documentos y libros, y aun pasar cerca de una hora de calidad con mi esposa cada mañana que estamos juntos.

Los buenos hábitos se pueden aprender en cualquier momento. Tenía el mal hábito de gastarme todo lo que ganaba y todavía más, y esto siempre hacía que me endeudara. Este hábito fue el resultado de una reacción desmesurada al comentario de alguien de que como aspirante a economista yo sería muy avaro en la vida. Por este motivo llegué a ser irresponsablemente generoso, prestando muchas veces las tarjetas de crédito para ayudar a otros, algunos de los cuales se aprovecharon de mí. Tenía cuarenta y seis años, estaba endeudado y afrontaba una ruina financiera si perdía mi trabajo, cuando decidí practicar el principio que se encuentra en mi libro *12 Keys to Financial Success* [Doce claves para el éxito financiero], aquel de «páguele a Dios, páguese usted mismo y pague sus recibos». Eso significa simplemente que usted dedica un mínimo del diez por ciento de sus entradas para el reino de Dios, pone aparte un diez por ciento más para ahorrar y para invertir, y vive con el ochenta por ciento de su ingreso. Siguiendo este principio, me liberé de las deudas en seis años y llegué a ser económicamente independiente, lo que significa que ahora puedo sostener mi estilo de vida en Gana aunque no tuviera ingresos regulares. Piense en ello, hay también hábitos buenos y comprobados para crear un patrimonio, tener un buen matrimonio, criar hijos como Dios quiere y cultivar una vida justa. Sin embargo, igual de importante es practicar aquellos hábitos que son esenciales para administrarse uno mismo, cuidando de la salud personal a través de los hábitos de comida correcta, ejercicio, el manejo del estrés y los chequeos médicos regulares.

DISCIPLINA: Los hábitos vienen con la disciplina. La disciplina mental, moral y física es el fundamento de la formación de los hábitos y el esfuerzo por la excelencia. La autodisciplina es el sello del líder efectivo.

El líder, por definición, dirige a otros. Muchas veces la decisión depende de él como padre, supervisor o presidente de una compañía. Muchos líderes tienen la responsabilidad de disciplinar a otros. Pero, ¿quién disciplina al líder? Él se tiene que disciplinar a sí mismo. Fracasar en hacerlo llevará a lo que le ocurre a muchos líderes, desde el presidente Richard Nixon hasta los líderes ejecutivos de la compañía Enron: el «síndrome del fracaso intencionado».

En lo que tiene que ver con la disciplina, dos personajes de la Biblia son mis modelos: José y Daniel. José es el modelo para todo lo que tiene que ver con la disciplina moral. Muchos buscarían la oportunidad de flirtear con una mujer de influencia y autoridad. Pero aun arriesgándose a perder su vida y a un posible encarcelamiento, se rehusó a irse a la cama con la esposa de su patrón porque temía a Dios (Génesis 39). Daniel y sus amigos, en el libro que lleva su nombre, demostraron disciplina en su alimentación, sus estudios y su trabajo como servidores públicos. Su disciplina, aunada al temor de Dios, les llevó a un horno ardiente y al foso de los leones. Esta misma disciplina también les llevó a lo más alto en sus carreras profesionales, y se ganaron el respeto de los reyes y del pueblo de Dios por toda la eternidad.

En estos días la palabra *disciplina* parece una mala palabra. Mucha gente hoy en día quiere pastillas de adelgazamiento para sus cuerpos, café instantáneo, riquezas rápidas. Si usted habla hoy de autocontrol y autodisciplina se parecerá más bien a alguien que viene de Marte. No obstante, reporta muchos beneficios el hecho de controlarse uno mismo y seguir algunas reglas autoimpuestas con respecto al tiempo, el dinero, la comida y la mente, para así alcanzar grandes cosas para Dios, su país, su familia y usted mismo. Debemos liberar la disciplina del olvido moderno.

> **LA DISCIPLINA MENTAL, MORAL Y FÍSICA ES EL FUNDAMENTO DE LA FORMACIÓN DE LOS HÁBITOS Y EL ESFUERZO POR LA EXCELENCIA.**

ACTITUD: Se dice que la actitud es responsable del ochenta y cinco por ciento de los logros humanos, mientras que las habilidades influyen solo en el quince por ciento. Aunque no estamos en la posición de confirmar la precisión matemática de los porcentajes, no hay duda de que el liderazgo es una cuestión de actitud.

Para ser un líder uno debe querer asumir la responsabilidad no solo por sí mismo, sino también por otros. Steve Covey enumera «Los siete hábitos de la gente altamente efectiva» como los siguientes: «Ser proactivo», «empezar con el final en mente», «poner las primeras cosas primero», «pensar en ganar-ganar-ganar», «buscar primero el entender más que el ser entendido», «la sinergia» y «afilar el hacha de cortar». A todo esto les llama hábitos. También podría llamárseles disciplinas. De todas maneras, el punto más importante es subrayar que «los siete hábitos» se basan en dos actitudes importantes. Una es una actitud de abundancia. La consideración de que hay lugar para todo. Lo segundo, que ya hemos mencionado antes, es la disciplina personal.

Las personas que aceptan la responsabilidad, tienen espíritu de abundancia y de generosidad, y salen de su camino para servir a otros y solventar grandes problemas para el bien común, son seguidas por otros. Una persona que tiene seguidores —quiero decir seguidores voluntarios— es un líder.

Las personas aspiran al liderazgo por diferentes razones. Algunas para ser populares. Otras para tener autoridad y poder mandar sobre otros. Otras más buscan el liderazgo para amasar riquezas, en especial en los países del Tercer Mundo. El líder servidor busca dirigir para servir. La actitud de siervo es la que Jesús requiere de sus seguidores.

No obstante, algunos cristianos han evitado el liderazgo o, para ser más específicos, no aspiran a un liderazgo en la vida pública porque piensan que hacer esto significará que no son humildes. El resultado es que muchas veces los hombres y las mujeres malos son los que gobiernan. La verdad debe ser nuestra actitud, pero tiene que ver con el corazón y nuestra motivación. Si nuestra corazón está bien con Dios, la Biblia dice que buscar el liderazgo es una búsqueda noble (Romanos 2:8; 1 Timoteo 3:1).

> JESÚS ESTABA APASIONADO CON SU MISIÓN. QUERÍA HACER LA VOLUNTAD DE SU PADRE, AUN HASTA EL PUNTO DE MORIR EN LA CRUZ.

PASIÓN: Quisiera saltarme la palabra *pasión*. Esta ha llegado a asociarse tanto con la perspectiva hedonista de la búsqueda desenfrenada del placer sexual y material, que solo mencionarla como una cualidad del liderazgo significa arriesgarse a la condenación. El riesgo vale la pena, porque el líder que no está entusiasmado, apasionado y comprometido con su visión y misión no atraerá a sus seguidores.

Jesús estaba apasionado con su misión. Quería hacer la voluntad de su Padre, aun hasta el punto de morir en la cruz. Todos los grandes líderes de la historia han tenido una pasión por su causa. Fue así para aquellos que lucharon y nos traspasaron la verdadera fe en Jesús: Pablo, Atanasio, Lutero, Wesley, Moody y Billy Graham, por mencionar a algunos.

Una vez escuché al reverendo John Stott, pastor emérito de All Souls Church [Iglesia de todas las almas] en Londres, hablar acerca de un predicador afroamericano. Mientras preparaba su mensaje, Stott dijo que este hombre «se estudia a sí mismo por completo, ora con fervor y se deja llevar». Esto es pasión. El «dejarse llevar» se refiere a su pasión por predicar el evangelio bajo el ungimiento del Espíritu Santo.

Por pasión, no nos estamos refiriendo necesariamente a una estimulante exuberancia carismática. No todo el mundo es extrovertido. El carisma le puede dar a uno un punto de partida en el liderazgo, pero nunca es una condición suficiente para el liderazgo efectivo. Más bien, nos estamos refiriendo a la convicción, la creencia y el compromiso firme hacia los objetivos que uno tiene, los cuales, para el líder cristiano masculino efectivo, deberían incluir:

- El amor por Jesús
- Un compromiso con su esposa y familia
- Objetivos específicos del liderazgo vocacional

El liderazgo efectivo empieza con la fuerza interior de la persona, y esta viene definida por sus principios. Esto ya lo hemos discutido bajo «el principio de la organización» del líder, aquello a lo que él alinea su vida, sus valores, sus prioridades en la vida, su capacidad, sus hábitos, su autodisciplina, su actitud hacia la responsabilidad y su pasión por dirigir. La importancia de todo lo anterior es que ello define la calidad del liderazgo.

En los próximos dos capítulos avanzaremos desde el principio del autoliderazgo hasta el aspecto práctico de dirigirse a uno mismo.

PREGUNTAS:

1. Compare el desafío del liderazgo de Moisés con alguno que usted pueda estar afrontando ahora.

2. ¿Qué es lo que falta en muchos libros sobre el liderazgo? ¿Por qué cree que es así?

3. ¿Qué quiere decir el liderazgo «centrado en los principios»?

4. ¿Cuál es el determinante mayor en la habilidad del liderazgo?

CAPÍTULO 4

DIRECCIÓN Y AUTOLIDERAZGO ESTRATÉGICOS

Hemos llegado al punto donde debemos hablar de los aspectos prácticos de dirigirse a uno mismo. Esto tiene que ver con el liderazgo estratégico personal y la dirección propia para poner en orden cada habitación en la casa de su vida, por decirlo de alguna manera, así como también con una administración efectiva del tiempo que refleje e implemente las estrategias de la vida de uno y los objetivos de la dirección personal.

Hay dos cosas del capítulo precedente que necesitamos tener en cuenta. La primera es la poca familiaridad con el concepto de autoliderazgo. La segunda es el hecho de que aquellos que han sido impactados y afectados por los libros de autoayuda muchas veces se han olvidado de que los principios deben preceder a los preceptos. Después de enfocarnos en estos dos fenómenos, estaremos en posición de mirar las tres claves básicas en la práctica del autoliderazgo, que son:

- Trabajar en un marco estratégico para la vida personal
- Dirigir los diferentes departamentos de la vida de uno
- La administración efectiva del tiempo

Cubriremos los dos primeros puntos en el resto de este capítulo y retomaremos el tercero en el capítulo siguiente.

UN MARCO ESTRATÉGICO PARA LA VIDA PERSONAL

Los estudiantes de administración, en especial aquellos que se han graduado de una escuela, están familiarizados con el concepto de la administración estratégica, que es ahora parte de casi todos los programas de MBA. Sin embargo, aun habiendo asistido a una escuela de administración, encontrará que los conceptos clave y sus aplicaciones para vivir de una manera efectiva son muy simples. El mundo de los negocios fue el primero en reconocer que el ingrediente más importante en el éxito a nivel corporativo es la dirección que da el liderazgo. La administración estratégica en los negocios involucra una definición de la misión de la empresa, sus objetivos a medio y a largo plazo, sus estrategias amplias para alcanzar los objetivos, y el manejo del cambio requerido para alcanzar la visión. Al hacerlo así, se invierte mucho esfuerzo en examinar los aspectos económicos, sociales, políticos, tecnológicos o del medio ambiente de la institución o empresa, para identificar un lugar preferencial y tomar ventaja sobre la competencia. Para lograr esto último, los líderes estratégicos estudian las fortalezas, las debilidades, las oportunidades y las amenazas que existen para poder establecerse. Una vez que se ha determinado el curso de acción, se implementa la estrategia, tanto por medio de

> **MUCHO ANTES DE QUE EXISTIERAN LAS ESCUELAS DE NEGOCIOS MODERNAS, LA BIBLIA IDENTIFICÓ QUE SIN VISIÓN EL PUEBLO PERECE (PROVERBIOS 29:18).**

ajustes planeados de forma continua como a través de grandes transformaciones y reestructuraciones, a lo cual muchas veces se le llama «reingeniar» la empresa.

Mucho antes de que existieran las escuelas de negocios modernas, la Biblia identificó que sin visión el pueblo perece (Proverbios 29:18). Se sabe que las personas que están conducidas por la visión y la misión tienden a alcanzar al menos dos veces más de lo que sus contemporáneos podrían alcanzar en la vida. Jesús, aconsejando a sus seguidores el planificar con antelación, dijo que cualquiera que fuera a una batalla o quisiera construir una casa debería saber primero si tiene los recursos necesarios para completar la tarea (Lucas 14:28-30). Lo que Jesús estaba haciendo era propugnar la planificación estratégica. La lección de la historia del rico necio en la Biblia no es que trabajar duro y hacer provisiones para el futuro sea malo. La esencia de su insensatez fue que a través de toda su planificación se comportó como si un hombre fuera inmortal e independiente de Dios (Lucas 12:16-21).

Para dar luz a nuestra vida y proveer liderazgo para otros necesitamos un marco estratégico para la vida personal. Para ser efectivo, un líder debe dirigir su vida de una manera explícita y estratégica. El autoliderazgo consiste en aplicar los elementos principales del pensamiento estratégico y de la administración de la vida de uno.

Hay ocho factores para proveer el marco estratégico para nuestra vida, a saber: una declaración personal de misión, visión, roles, valores, objetivos, un plan estratégico personal, un plan de implementación, y un compromiso y una disciplina para efectuar el plan a través del monitoreo y la evaluación. Las buenas noticias son que, dada la actitud correcta, cada uno pueda manejar todo lo que estas cosas conllevan. No se necesita un diploma universitario para dirigirse uno mismo.

Una declaración personal de misión

Una declaración personal de misión es *la razón de ser* de la existencia de uno… el propósito para nuestra vida. En una declaración de misión personal usted se está exponiendo con claridad a sí mismo la razón fundamental de su existencia. En la clase que enseño, «Cómo equilibrar la vida personal, relacional y pública», desafío a los estudiantes a que hagan su declaración personal de misión al contestar preguntas como las siguientes:

- ¿Cómo me gustaría ser recordado cuando muera?
- ¿Para qué estoy en la tierra?
- ¿Qué es lo que valoro más en mi vida?
- Si tuviera todos los recursos necesarios y la capacidad para hacerlo, ¿qué es lo que más me gustaría hacer?
- ¿Cuáles son los roles más significativos que desempeño en mi vida?
- ¿Qué es lo que me inspira más?

Una declaración de misión verdadera sería tal que, si usted vive por ella, sus necesidades básicas (físicas, intelectuales, espirituales, sociales y financieras) y las aspiraciones dadas por Dios serían satisfechas sin comprometer en lo fundamental los valores que sostiene. Más aun, una declaración de misión debería integrar todos los roles esenciales de la persona, como ser padre, esposo, trabajador y líder en la iglesia. Una declaración de misión que crea desequilibrio en nuestra vida no tiene ningún valor en sí.

> UNA DECLARACIÓN DE MISIÓN QUE CREA DESEQUILIBRIO EN NUESTRA VIDA NO TIENE NINGÚN VALOR EN SÍ.

De manera habitual no les pido a las personas que aspiren a alcanzar una declaración personal de misión perfecta, si es que existe siquiera una. Por cierto, tampoco yo busco distinguir con claridad desde el inicio entre la visión, la misión y los objetivos, siempre que al final se llegue a una visión con propósito del futuro que sea lo suficiente fuerte como para que impulse a la acción.

A continuación le presento algunos ejemplos de declaraciones personales:

1. «Ser una persona de la que tanto Dios, mi esposa, mis hijos y mis compañeros puedan estar orgullosos».
2. «Quiero ser recordado por mi familia como un esposo amante y cuidadoso, y mostrar excelencia en todo trabajo que haga en mi vida».
3. «Quiero ser multimillonario cuando tenga cuarenta y cinco años».
4. «Quiero servir a Jesucristo en mi generación».

Aunque no respaldo todos estos ejemplos, ellos ilustran las declaraciones personales de misión de personas con diversas maneras de ver la vida.

Ahora viene lo esencial para los cristianos: Hay parámetros dentro de los cuales el cristiano traza su misión. ¿Son libres los cristianos para determinar su propia misión en la tierra? Mi respuesta es sí y no. No, porque el propósito por el cual hemos sido creados y redimidos está establecido con claridad en la Biblia: «El fin de este asunto es que ya se ha escuchado todo. Teme, pues, a Dios y cumple sus mandamientos, porque esto es todo para el hombre» (Eclesiastés 12:13). También leemos en 1 Pedro 2:9: «Pero ustedes son linaje escogido, real sacerdocio, nación santa, pueblo que pertenece a Dios, para que proclamen las obras maravillosas de aquel que los llamó de las tinieblas a su luz admirable».

En otras palabras, los cristianos deben vivir sus vidas de tal manera que brinden alabanza y gloria a Dios su Hacedor y a Jesús su Salvador. Este es el propósito de Dios para los creyentes en su creación y redención. Todas sus acciones y responsabilidades deben ser guiadas por este propósito.

Por eso, el propósito supremo de un cristiano verdadero en la vida está ligado a su redención. Sin embargo, la persona todavía tiene que interpretar su llamado a ser santo de una manera que tenga significado para ella. Por ejemplo, aun siendo llamados a amar al Señor y a ser esposos y padres amorosos tanto como trabajadores fieles, el modo de llevar a cabo estos diferentes roles podrá variar entre un pastor y un piloto de aerolínea, y entre un maestro y

LOS CRISTIANOS DEBEN VIVIR SUS VIDAS DE TAL MANERA QUE BRINDEN ALABANZA Y GLORIA A DIOS SU HACEDOR Y A JESÚS SU SALVADOR.

un obrero. Es por esto que la declaración personal de misión es tan necesaria como útil y motivadora. Mi declaración de misión es: «Servir a Jesucristo en mi generación». Aunque no sea tan innovadora como otras lo pueden ser, es significativa para mí como una adaptación de lo que se dijo sobre David en Hechos 13:36. La misma está anclada en la obediencia a Dios y en el servicio a los hombres.

Le animo a que ahora se detenga y reflexione en el propósito de su vida. Usando el espacio que hay a continuación, escriba un bosquejo de su declaración personal de misión que pueda usarse para contestar a cualquiera que le pregunte por la razón o el propósito de su existencia.

Mi misión en la vida es:

_____

_____

_____

_____

_____

_____

_____

_____

_____

Visión

La declaración personal de la visión está relacionada de modo estrecho a la misión. En realidad, si usted tiene una visión que se extiende hasta el final de su vida, la misma puede ser sinónimo de una declaración de misión. De todas formas, tengo una buena razón para distinguir entre visión y misión. Creo que cuando la Biblia dice: «Donde no hay visión, el pueblo se extravía» (Proverbios 29:18), se refiere tanto a la misión como a la visión. La esencia de la visión es captar un futuro deseable que integra lo que uno hará y alcanzará en un período

> **LA ESENCIA DE LA VISIÓN ES CAPTAR UN FUTURO DESEABLE QUE INTEGRA LO QUE UNO HARÁ Y ALCANZARÁ EN UN PERÍODO DADO.**

dado. Para la mayoría de nosotros, la visión se planea mejor cuando abarca un período de diez a veinte años, dependiendo de su edad. Recomiendo que aquellos que tengan menos de cuarenta años establezcan su visión con una perspectiva de quince a veinte años, y de diez años para aquellos que sean mayores. Permítanme decirles aquí que no hay nada sacrosanto con relación a la extensión del tiempo. Solo quiero ser práctico.

Recuerdo la visión que tuve a los cuarenta y seis años acerca de que en la siguiente década me habría instalado en Gana, mi país nativo, sería económicamente estable, estaría en posición de contribuir a la construcción de mi país natal, y tal vez trabajaría a tiempo completo en un ministerio cristiano. Todo esto lo capté en mi declaración de visión. Y buena parte de ello lo alcancé en seis años. La visión, en su contexto práctico, traslada la misión a un cuadro a medio y a largo término. Ilustrándolo a través del mundo de la fotografía, la creación de la misión es una fotografía a larga distancia, la declaración de visión es una a media distancia, y los objetivos equivalen a aquellas fotografías de corta distancia con detalles específicos.

Los sueños y la imaginación son las semillas de las cuales emerge la visión. La imaginación alimenta la visión, pero la visión es más que la imaginación. La visión es el cuadro del futuro que cataliza las acciones de cada día para llevar su sueño a la realidad. Es decir, un cuadro mental de lo que uno quiere y debe ser. Con respecto a esto, cada uno tiene en algún momento dado el inicio de una visión futura de sí mismo, aunque en muchos casos esta visión permanezca en el mundo de los sueños y nunca llegue a trasladarse a la realidad.

La visión le da alas a la pasión, y la pasión a su vez conduce al cumplimiento de la visión. He visto que la gente rara vez alcanza su visión personal exactamente como la ha pensado. Aun así, mi experiencia es que la gente conducida por la visión tiende a lograr por lo menos dos veces más que aquellos sin visión. Las personas con visión tienden a llevar vidas enfocadas y satisfechas.

La declaración de visión debe captar de una manera simple pero concreta aquello que usted quiera ser en diez, quince, veinte o veinticinco años a partir de ahora, y esto por la gracia de Dios. Le animo a que se detenga aquí, haga una pausa ahora, y responda esta cuestión en oración: *Por la gracia de Dios, ¿qué es lo que quiero alcanzar en los próximos diez o quince años? ¿Qué clase de persona quiero ser?* Su declaración de visión se parecerá a la declaración de misión, pero propuesta de una forma que pueda implementar en un espacio de tiempo determinado. Si tiene dificultad en hacer su declaración personal de visión, lea más adelante cómo establecer objetivos. Después que haya establecido sus metas y objetivos, por ejemplo, para los próximos diez años, puede volver atrás para una mejor comprensión de la declaración de visión.

> LA VISIÓN LE DA ALAS A LA PASIÓN, Y LA PASIÓN A SU VEZ CONDUCE AL CUMPLIMIENTO DE LA VISIÓN.

Roles

Su plan estratégico para el autoliderazgo debe permitirle cumplir los roles de líder como esposo, padre, trabajador, dirigente de la comunidad y, más importante aun, como un hijo de Dios.

En realidad, la causa del «síndrome del fracaso intencionado» es que muchos líderes fallan en asegurarse de no enfatizar demasiado su papel público a expensas de sus roles personales y relacionales. He visto que una manera excelente de comprobar su visión es ver si la realización de la misma le permite llevar a término sus roles personales como líder. En este aspecto, establecer objetivos individuales para cada uno de los roles específicos es el antídoto para el desequilibrio en la vida del líder. (Véase la rueda de la vida en el Cuadro 3.1, página 45.)

Valores

¿Qué significa ser un siervo de Jesús en la vida diaria? El cristiano deriva sus valores de la Biblia, con Jesucristo como modelo. El líder masculino efectivo es aquel que no solo tiene el principio organizacional correcto, sino que lo ha transformado en valores y normas de conducta fundamentales, desplegando amor, honestidad, confiabilidad, integridad, humildad y compromiso.

Objetivos

El puente entre la misión-visión y la acción son los objetivos. En mi libro *Doce claves para el éxito financiero*[1] presento tres razones de por qué los objetivos son importantes. Los objetivos deben ser, tanto como sea posible, específicos, medibles, alcanzables, realistas, con tiempo límite (lo que llamamos objetivos S.M.A.R.T.). En pocas palabras, establecer objetivos claros provee las señales en el camino para alcanzar nuestra visión. Además, es un catalizador para la acción y le permite medir el progreso.

A veces he oído a algunos cristianos que argumentan como si el establecimiento de objetivos y el vivir por fe fueran cosas opuestas. Para mí, los objetivos constituyen una declaración de fe en el sentido de que son establecidos en oración y llegan a ser «la esperanza de lo que esperamos».

En la planificación estratégica personal los objetivos se establecen mejor para cada una de las áreas principales de la vida: espiritual, financiera, física, intelectual, marital, paternal, social y vocacional. El punto de partida al establecer los objetivos es hacer una lista de sus deseos. Por ejemplo, en el área intelectual una lista de deseos pudiera incluir:

Quisiera tener un diploma universitario.
Quisiera mantenerme al día en los asuntos financieros clave.
Quiero mejorar la rapidez en la lectura.

Sin embargo, los deseos no son objetivos. Para que sean objetivos, tienen que ser específicos, medibles, alcanzables, realistas, con tiempo límite. Por lo tanto, mientras los tres ejemplos anteriores son deseos, los siguientes cumplen el criterio de los objetivos:

Obtendré mi diploma universitario en cuatro años.
Me suscribiré al periódico *The Wall Street Journal* a final de mes.
En un año doblaré mi velocidad de lectura.

Los siguientes son algunos objetivos prácticos a diez años que establecí para mí a los cuarenta y seis años de edad:

General: Ser económicamente independiente y renunciar a mi trabajo en las Naciones Unidas para regresar a mi hogar en Gana.

Espiritual: Tener devocionales personales de forma continua y junto a mi esposa, leer toda la Biblia cada dos años.

Paternal: Ver a mis tres hijos mayores terminar la universidad, con el cuarto a punto de entrar en la misma.

Intelectual: Completar mi maestría en teología y escribir diez libros.

Financiero::	Estar libre de deudas, guardar e invertir unos trescientos sesenta y cinco mil dólares.
Social:	Mantener una red de amigos y escribirles una carta a cada uno de ellos (alrededor de cien) cada año.
Físico:	Hacerme un chequeo médico anual, ejercitarme y controlar mi dieta.
Profesional:	Retirarme de la O.N.U. y entrar en el ministerio.
Matrimonial:	Apoyar a mi querida esposa para que complete su licenciatura en teología, tal vez una maestría, prepararla para el ministerio en los años del «nido vacío», y asegurar su independencia económica si yo muriera primero.

¿Qué ocurrió? Bueno, en la mayoría de las áreas los objetivos fueron alcanzados en seis años. En cuanto al resto, Dios alteró drásticamente uno en la esfera profesional. En un par de áreas, y usted puede adivinar cuales (social y física), ha habido algunos altibajos, y estoy a punto de concluir mis objetivos intelectuales. La cosa más importante es que el establecer objetivos ha hecho que la vida sea mucho más interesante y fructífera.

Plan estratégico personal

Las estrategias son los medios para alcanzar sus objetivos. Permítame usar una ilustración del ámbito financiero. Si alguno desea ser un millonario a los sesenta años, empezando a los veinte, debe invertir ciento cincuenta y siete dólares al mes (asumiendo unos beneficios del diez por ciento). Los medios para alcanzar estos objetivos financieros pueden ser una combinación de los ahorros mensuales y las inversiones, los ingresos fijos ocasionales, el convertir activos que no rinden en instrumentos que generen ingresos, etc. Estas serían las estrategias para alcanzar el objetivo financiero de ser un millonario.

De una manera similar, mejorar nuestro matrimonio puede requerir un tiempo adicional juntos, satisfaciendo las necesidades expresadas de cada uno, leyendo la Biblia y orando juntos. Las estrategias deben ser desarrolladas para cada objetivo.

Un plan estratégico, para un empresario, es un documento que abarca la visión-misión, los objetivos, las estrategias y las acciones para la implantación, así como también la forma en que serán monitoreados y evaluados. Recomiendo un documento paralelo para la organización de su vida personal, aunque sea de una manera simple. Mientras para mí hoy el plan personal estratégico cuenta solo de una hoja, mucha gente puede emplear unas cuantas páginas. El plan tiene que orientarse a la acción. Un bosquejo del plan estratégico personal puede ser como el siguiente:

Ejemplo de un plan estratégico personal

Misión: Llegar a ser el líder de mi gente a la edad de cincuenta y cinco años, siendo un modelo en carácter, competencia y cuidado.

Visión: Ser el jefe de mi unidad en cinco años, con mi familia trasladándose del centro de la ciudad a una área suburbana.

Roles: Ser:
- un esposo amoroso
- un padre cuidadoso
- un trabajador eficiente

- un siervo de Jesús
- un líder en mi comunidad e iglesia.

Valores: Vivir por la fe en Jesús, expresada en la obediencia, la integridad personal, la honestidad y la confiabilidad, y en amor por mi esposa e hijos.

Objetivos: (Véanse los objetivos a diez años en las páginas 71 y 72.)

*Estrategias
y acciones:*
- Dejar de comprar a crédito.
- Dar una orden en el banco para que invierta el diez por ciento de mi ingreso neto en un fondo de inversión cada mes.
- Acelerar el pago de la deuda con el veinticinco por ciento cada mes.

*Monitorear
y evaluar:*
- Revisar los proyectos cada trimestre con mi esposa y hacer las modificaciones necesarias.

Plan de implementación

Esto puede tomar la forma de una matriz o tabla que agrupa los objetivos, las metas y los propósitos (ellos fraccionan los objetivos en detalles más pequeños), las estrategias y el tipo de actitud, conocimiento, sacrificios y acciones que se requieren para alcanzar estos objetivos. (Véase Cuadro 4.1, página 76.) El plan estratégico personal puede ser tan esquematizado o detallado como usted quiera, con la condición de que:

- resuma nuestras aspiraciones,
- esté en línea con nuestros valores,
- en oración, usted tenga paz con él, y
- proporcione dirección y propósito para su vida.

La forma real no es lo esencial. El proceso es tan importante como el producto. Está pensado para darle dirección a su vida.

La misión, la visión, los valores y los roles se colocan en la parte de arriba de la matriz o tabla en el Cuadro 4.1 por una buena razón. Constituyen las coordenadas principales del autoliderazgo. Son los factores más destacados que deben proporcionar dirección y autogestión. Los objetivos tienen que corresponderse con las áreas estratégicas enumeradas. Aunque se suministra una fila para cada área de la vida, pueden crearse tantas filas como sean necesarias en cada una de las subsecciones. En otras palabras, usted puede tener dos, tres o cuatro objetivos espirituales. El número de objetivos para cada área de la vida no es fijo, pero más de tres objetivos por sector serían demasiados, y no le recomendaría más de cinco.

Bajo la columna de «Metas y propósitos» los objetivos deben ser subdivididos en indicadores de éxito medibles y posibles dentro de uno a tres, o a lo máximo, cinco años, dependiendo de su perspectiva de administración. Para los que empiezan, recomiendo una estructura operacional de un año. Las metas y los propósitos indican las estrategias que serán empleadas para alcanzar cada uno de estos objetivos.

CUADRO 4.1

PLAN ESTRATÉGICO PERSONAL

Estructura simple para la administración personal[2]

Misión_____

Visión_____

Valores_____

Roles_____

Área	Objetivos	Metas y propósitos	Tiempo límite	Estrategias	Actitudes, conocimiento, hábitos, acciones y sacrificios requeridos
1. Financiera					
2. Intelectual					
3. Física					
4. Marital					
5. Familiar					
6. Espiritual					
7. Social					
8. Vocacional / Profesional					

Monitoreo y evaluación

Ahora llegamos a la parte más difícil, la de trasladar los planes estratégicos a la realidad: la disciplina para adquirir e implementar nuevos hábitos, nuevas maneras de hacer las cosas… lo que se necesita para hacer el sueño realidad. He seleccionado cinco cosas en las que usted debe trabajar para alcanzar sus objetivos y metas, a saber, actitudes, conocimiento, hábitos, ac-

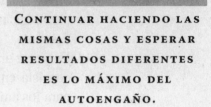

CONTINUAR HACIENDO LAS MISMAS COSAS Y ESPERAR RESULTADOS DIFERENTES ES LO MÁXIMO DEL AUTOENGAÑO.

ciones y sacrificios, como se ha indicado en la última columna del Cuadro 4.1. Continuar haciendo las mismas cosas y esperar resultados diferentes es lo máximo del autoengaño. Darle una nueva dirección a su vida a menudo requiere cambios en las actitudes, la adquisición de nuevas habilidades y nuevos hábitos. Quizá usted deberá hacer sacrificios para alcanzar los objetivos. La última columna trata de animar a los lectores a tener en cuenta el costo involucrado en la realización de su plan estratégico personal.

Como una ayuda para que nuestros lectores completen luego la tabla por ellos mismos, proveo a continuación una ilustración de cómo la columna de las finanzas puede ser completada usando un caso real de la vida (con ciertos detalles alterados para mantener la privacidad):

Objetivo: Alcanzar la independencia económica acumulando quinientos mil dólares.

Meta: Ahorrar una parte del salario durante un período de tiempo, con la expectativa de alcanzar los quinientos mil dólares.

Tiempo límite: Diez años

Estrategias: Incrementar los ahorros y las inversiones de los ingresos hasta un veinte por ciento al mes durante diez años.

Deshacerse de un segundo coche familiar, los activos que no rinden beneficios y las antigüedades que están en el desván.

Empezar un negocio familiar serio que consista en la organización de fiestas para los amigos.

Actitudes, conocimientos y hábitos: Continuar el hábito de ahorrar mensualmente pero doblando la tasa actual del diez por ciento.

Pedirle al banco que la próxima semana deduzca la inversión de la fuente.

Controlar el hábito de comprar por impulso y usar las tarjetas de crédito fuera del presupuesto familiar.

Dirigirse y administrarse uno mismo de forma eficaz no es algo que se consigue de una manera fácil; requiere disciplina, la cual a muchos de nosotros no nos gusta nada. La buena noticia es que tan pronto se decida a hacerlo, en específico en el ámbito familiar, enseguida llegará a ser algo divertido y contagioso.

El próximo capítulo le proveerá las herramientas para implementar estas capacidades de liderazgo sobre una base diaria, semanal y mensual.

PREGUNTAS:

1   ¿Qué significa decir que «los principios deben preceder a los preceptos»?

2   ¿Por qué la visión es necesaria para el liderazgo?

3   ¿Qué debe incluirse en una declaración de misión personal?

4   ¿Hay algunos principios que deben guiar a la declaración de misión cristiana?

CAPÍTULO 5

ADMINISTRÁNDOSE UNO MISMO A TRAVÉS DE LA GESTIÓN EFECTIVA DEL TIEMPO

En una época en la que todo es instantáneo, parece extraño hablar acerca de la gestión del tiempo. No obstante, todas las cosas buenas requieren tiempo. Se necesita tiempo para crecer espiritualmente, ya que se requiere de la lectura de la Biblia, la obediencia a sus enseñanzas, orar, tener comunión y servir al Señor. No hay ningún atajo para la madurez cristiana. Se necesita tiempo para alcanzar una seguridad financiera. Se necesita tiempo para adquirir aptitudes comerciales, las cuales, hoy en día, a menudo implican una educación universitaria.

En este momento, ¿por qué no detenerse y hacer un pequeño ejercicio antes de que llegue a tener algún prejuicio por lo que sigue? Escriba las cinco cosas que usted valora más en su vida. ¿Son acaso su matrimonio, sus hijos, su negocio, su dinero, su trabajo, sus padres, sus amigos, el poder, las vacaciones, la diversión o la iglesia? Haga esto antes de leer el próximo párrafo. Aunque lo pudiera hacer mentalmente, es mucho mejor si lo pone por escrito.

Ahora mire hacia atrás a la última semana, preferentemente teniendo su diario cerca. ¿Aparecen en su calendario estas cosas que son tan importantes para usted? ¿Cuánto tiempo le dedicó a estos asuntos que son lo más importantes en su vida? ¿Qué tal acerca de sus diferentes roles como hijo, esposo, padre, trabajador o como miembro de iglesia? ¿Está equilibrado en el uso de su tiempo con respecto a estos roles?

La tragedia de muchos líderes radica en que el uso apropiado del tiempo no aparece en su lista de las cosas más importantes. Nuestra visión, objetivos y roles deben dirigir nuestro uso del tiempo y no al revés.

Esto es debido a que:

- *La administración del tiempo significa autogestión.* Lo que está en juego no es el reloj sino aquello en lo que empleamos nuestra *vida* para alcanzarlo.

- *La administración del tiempo es un ejercicio de toma de decisiones.* Tomamos decisiones entre lo importante y lo urgente, entre nuestras prioridades y las exigencias impuestas por otros.

- *La administración del tiempo es un ejercicio de disciplina.* Si lo quieres comprobar, observa cuánto duran las resoluciones del año nuevo en las personas.

- *La administración del tiempo involucra tanto herramientas como capacidades.* Esto es lo que encontrará en el resto de este capítulo.

DIEZ CARACTERÍSTICAS DEL TIEMPO

El tiempo es tal vez el recurso más importante que tenemos para implementar nuestra visión. Conocer algunas características del tiempo nos ayudará en su manejo.

- *El tiempo es un bien*: En realidad, para mucha gente es la posesión más importante que tienen en su crecimiento espiritual, físico, mental, social y moral.
- *El tiempo es precioso*. El tiempo no es solo un valor o una posesión, sino que es un valor muy precioso.
- *El tiempo es un recurso de «oportunidades iguales»*. El Señor ha dado tanto al rico como al pobre, al viejo como al joven, al director como al obrero el mismo tiempo: trescientos sesenta y cinco días al año y veinticuatro horas al día.

> EL AYER SE MARCHÓ; EL MAÑANA AÚN TIENE QUE LLEGAR, Y ESTAMOS EN MEJOR SITUACIÓN CUANDO LO PLANIFICAMOS.

- *El tiempo es limitado*. La Biblia nos dice que el promedio de vida de una persona es entre setenta y ochenta años, y a pesar de los avances médicos hay muy pocos que superan los ochenta años y pueden disfrutarlos.
- *Hay tiempo para todo lo que interesa*. Sí, todos tenemos el tiempo para hacer aquello que nos interesa más. «Estoy muy ocupado» muchas veces significa: «No es mi prioridad».
- *El tiempo es una oportunidad que pasa*. Nadie puede recuperar el tiempo perdido. El ayer se marchó; el mañana aún tiene que llegar, y estamos en mejor situación cuando lo planificamos. Solo tenemos el hoy para vivir. La pérdida del tiempo es irremediable.

- *No todo el tiempo es igual.* ¡Ah, esa gente joven no necesitaría aprender esto por el camino más duro! Hay un tiempo oportuno para cada cosa debajo del sol. Por ejemplo, mucha gente no aprovecha lo mejor de sus vidas debido a que posponen la adquisición de habilidades para cuando llegan a la madurez en vez de hacerlo mientras son jóvenes.

- *El tiempo es lineal.* Literalmente, el día de mañana sigue al de hoy. Más importante todavía, la vida está organizada de tal manera que siempre hay ciertos períodos preparatorios que actúan como plataforma para los logros futuros. Pocas personas pueden pasar por alto lo que se necesita hacer en una época concreta de la vida y que le continúe yendo bien en las etapas siguientes. Por ejemplo, la educación secundaria viene antes de la educación universitaria.

- *El tiempo tiene una dimensión eterna.* Creo que hay una dimensión eterna del tiempo. «Está establecido que los seres humanos mueran una sola vez, y después venga el juicio» (Hebreos 9:27). Todos deberemos presentarnos ante Dios. La dimensión eterna del tiempo nos exige que vivamos hoy con la eternidad en perspectiva.

> LA DIMENSIÓN ETERNA DEL TIEMPO NOS EXIGE QUE VIVAMOS HOY CON LA ETERNIDAD EN PERSPECTIVA.

- *El tiempo tiene que ser administrado.* Si es verdad lo que se dice de que el tiempo es un valor precioso, una oportunidad que pasa, y que tiene una dimensión eterna, debe ser administrado y usado de forma efectiva.

CUATRO PRINCIPIOS PRÁCTICOS DE LA ADMINISTRACIÓN EFECTIVA DEL TIEMPO

En Efesios 5:15-16, la Biblia dice: «Así que tengan cuidado de su manera de vivir. No vivan como necios sino como sabios, aprovechando al máximo cada momento oportuno, porque los días son malos». En nuestro libro *Seven Keys to Abundant Living With No Regrets* [Las siete claves para la vida abundante sin remordimientos] introducimos cuatro principios de la administración efectiva del tiempo:

- *Principio 1*: Comprometerse a marcar una diferencia.
- *Principio 2*: Redimir el tiempo
- *Principio 3*: Aprovechar al máximo el tiempo
- *Principio 4*: Calcular el tiempo

Principio 1: Comprometerse a marcar una diferencia

Efesios 5:15-16 es una llamada a un esfuerzo consciente y deliberado de controlar el uso de nuestro tiempo para el bien y para alcanzar los objetivos que uno tenga. La necesidad y las razones para un compromiso como este son muchas. Hay muchas exigencias que compiten por nuestro tiempo. El trabajador corriente tiene el ochenta por ciento de un día ordinario predeterminado: diez horas para ir al trabajo, incluyendo el tiempo del transporte; dos horas dedicadas a preparar la comida y comer; ocho horas para dormir. ¡De pronto veinte horas se han ido volando! Por lo tanto, hay una necesidad de me-

LA ADMINISTRACIÓN DEL TIEMPO DEBE SER DIRIGIDA POR LO QUE ES MÁS IMPORTANTE PARA NOSOTROS: NUESTRA RELACIÓN CON DIOS, NUESTRA ESPOSA Y NUESTRA FAMILIA.

jorar el contenido actual del tiempo asignado y obtener «el máximo provecho de cada oportunidad», ya que usted no dispondrá de más de veinticuatro horas al día.

En otras palabras, la administración del tiempo debe ser dirigida por lo que es más importante para nosotros: nuestra relación con Dios, nuestra esposa y nuestra familia. Debe estar regida por nuestros objetivos de visión-misión. Debemos comprometernos a brindarle atención a estos temas en nuestros calendarios. Si no, iremos en la dirección de la mayoría, caracterizada por los sueños sin realizar.

Los cementerios están llenos de sueños irrealizados e incumplidos. Esto es debido a que muchos de los que están enterrados sucumbieron a las presiones sociales, a la tradición, y desatendieron el destino que Dios les había dado. De manera subconsciente, nuestra administración del tiempo está conducida por la educación, la promoción en el trabajo, el dinero y la convivencia con nuestros vecinos. No hay nada malo en estas cosas por sí mismas, pero deben ser reguladas y dirigidas por nuestros objetivos en la vida.

Usted debería aspirar a hacer un presupuesto amplio de su tiempo para las temporadas principales de la vida y trasladarlo a una agenda anual, mensual, semanal y diaria. Comprométase a sí mismo a predeterminar los valores, los objetivos y la visión... por supuesto, sujeto a las nuevas directrices que provengan de Dios. Si no lo hacemos así, nuestra administración del tiempo se reducirá a una manipulación mecánica de herramientas y calendarios, que por sí mismos son de poca ayuda a menos que estén guiados por nuestro compromiso a obtener el máximo provecho de nuestras vidas.

Principio 2: Redimir el tiempo

Por redimir el tiempo quiero decir intentar de modo deliberado reasignar parte del tiempo que utilizamos en las actividades de bajas prioridades a aquellas cuyos propósitos tienen prioridades más altas. Para asistirle al redimir el tiempo, he preparado la siguiente lista para que usted pueda examinar su uso del tiempo bajo los siguientes encabezados:

REDIMIR DE DOS A CUATRO HORAS AL DÍA marca la diferencia. No podemos evitar ir al trabajo, comer y dormir. Esto deja a muchas personas con solo de dos a cuatro horas para un tiempo diario discrecional. Este tiempo debe ser identificado y reservado para los propósitos más altos. Al identificar estas horas, las siguientes sugerencias pueden ayudar:

- Examine su día de veinticuatro horas para identificar su tiempo discrecional. En otras palabras, ¿qué parte de las veinticuatro horas puedo redimir? Por ejemplo, me he dado cuenta que desde las cinco hasta las ocho de la mañana es un período en que puedo apartar tiempo para estar con Dios y con mi esposa, y tener un tiempo de lectura y reflexión de calidad. Soy una persona que se va pronto a la cama, por eso me es fácil hacerlo. Otros pueden encontrar que desde las nueve de la noche hasta la medianoche es un tiempo igual de bueno.
- Use una lista diaria de las cosas que debe hacer para evitar desviarse. La lista debe reflejar de tres a cuatro de las más altas prioridades, los temas importantes que se deben atender cada día.
- Aprenda a decir no a las peticiones secundarias. Decir no a algunas peticiones para hacer algunas cosas mejor es el secreto de una vida fructífera.
- Aprenda a delegar de manera efectiva, compartir el trabajo y liberarse de las tareas que otros puedan hacer.

- Lleve consigo un trabajo útil como algún material de lectura para llenar aquellos tiempos muertos, tales como los retrasos de un avión o la espera de un autobús.
- Mejore sus capacidades para evitar emplear dos veces más del tiempo necesario para una tarea.
- Controle a los «ladrones de tiempo» como ver innecesariamente la televisión, una conversación ociosa, visitas o interrupciones en el trabajo y muchas horas en la Internet.
- Encuentre su momento más productivo y apártelo como su tiempo discrecional.

El uso semanal del tiempo. Tenemos siete días a la semana. Aunque Dios nos dio seis días para trabajar, no puedo discutir con los actuales sindicatos obreros sobre el hecho de establecer una semana de cinco días laborales para los empleados. Esto se debe a que hay mucho más trabajo por hacer dentro de la familia y la sociedad que el que se lleva a cabo desde las ocho de la mañana hasta la cinco de la tarde de lunes a viernes. Las cosas más importantes son las siguientes:

- *Fines de semana*: Los sábados y los domingos constituyen al menos el treinta por ciento de la vida de cada persona. Este tramo de nuestro tiempo debe ser redimido y aplicado de una manera consciente a fines nobles, incluyendo el descanso genuino, la preparación, la organización personal y familiar, el mejoramiento personal y la adoración.

- *Realización de los asuntos más importantes*: Justo al empezar la semana usted debe reconectarse con los objetivos de su misión-visión y sus responsabilidades, y presupuestar o asignar un tiempo para las cosas más importantes que tienen que ser hechas en esa semana.

Aunque podría discutir la administración del tiempo tanto mensual como anual, lo haremos a continuación bajo el encabezado «Aprovechar al máximo el tiempo», para así dar lugar a un aspecto transformador de la administración del tiempo, es decir, la gestión del tiempo a lo largo de toda la vida.

LA ADMINISTRACIÓN DEL TIEMPO A LO LARGO DE TODA LA VIDA. Se cuenta que Martín Lutero dijo que quería vivir su vida como si el Señor Jesús fuera a venir aquel mismo día y a la vez deseaba plantar un manzano. Aquellos eran días en los que un manzano natural necesitaba años para madurar y llevar fruto. En otras palabras, él quería equilibrar el término a corto plazo con el término a largo plazo.

Creo que cada cristiano debería tener la misma actitud. No sabemos cuándo volverá Jesús o cuándo moriremos nosotros. Por eso, debemos aprovechar al máximo cada oportunidad. Al mismo tiempo, debemos planear vivir de setenta a ochenta años de acuerdo con los parámetros bíblicos de la vida (Salmo 90:10). Solo le corresponde a Dios decidir cuánto más viviremos. Dos de mis mentores son Oswald Chambers autor de *En pos de lo supremo,* y Billy Graham, tal vez el más grande evangelista del siglo veinte. El primero vivió poco más allá de los cuarenta años y el último aún vive con más de ochenta años al momento de escribir este libro. Cada uno de ellos ha impactado de una manera muy grande a la cristiandad. No se trata de cuánto usted viva sino de cómo vivirá. A menudo, aquellos que aprovechan al máximo su vida tienen una estrategia para su vida entera.

Hay una segunda razón de por qué es importante mirar a todo el espectro de la vida de uno. El predicador dijo: «Todo tiene su momento oportuno; hay un tiempo para todo lo que se hace bajo el cielo» (Eclesiastés 3:1). Para muchas personas, cada etapa de la vida parece hecha a la medida para alcanzar algunos logros particulares:

- *De cero a cinco años* son estupendos para aprender idiomas, interiorizar normas sociales básicas y desarrollar el autocontrol.
- *De los seis a los doce* son los años básicos para aprender las habilidades de la vida.
- *Los años adolescentes* (o el período de locura temporal) parecen en particular importantes para la educación y la formación de las habilidades vocacionales.
- *La adultez temprana* (de los veinte a los treinta años aproximadamente) es cuando mucha gente termina su educación universitaria y toman las mayores decisiones en la vida, como una profesión, el matrimonio y un lugar de residencia. Estos son los años en que aquellos que se perdieron una educación avanzada pueden con facilidad tomar medidas para remediarlo.
- *La mediana edad*, desde más de treinta hasta los cincuenta y cinco, es estupenda porque marca el período de la contribución más grande en la familia, el trabajo y la sociedad.
- *Los años maduros*, de los cincuenta y cinco a los setenta, son maravillosos para consolidar el liderazgo, pasar generosamente el bastón de mando a la siguiente generación y verlos como se hacen cargo. ¡Yo acabo de entrar en este grupo y me encanta!
- *Los años finales* de más de 70: Ah, como me gusta estar cerca de esas personas mayores cuyos mismos chistes pueden estar llenos de sabiduría para la vida, el regocijo con los nietos y la bendición para sus hijos

e hijas que ya han crecido. Es muy triste que en nuestro tiempo la tradición de vivir las tres generaciones de una familia juntas haya llegado a ser una cosa del pasado.

Es cualquier etapa de la propia vida es importante establecer una perspectiva a largo término del conjunto de la misma. Es más probable que pueda tomar decisiones sabias y usar su tiempo mejor en cada etapa si aprende a contar sus días.

Principio 3: Aprovechar al máximo el tiempo

Este principio es tan importante que muchas de las técnicas de administración del tiempo se enfocan solo en él. Sin embargo, fallan debido a que presuponen que lo más necesario son las herramientas y las técnicas para manejar el tiempo, descuidando el compromiso con la visión y los valores y la determinación de marcar una diferencia en la vida de uno.

Déjeme sugerirle algunas ideas de cómo usted puede obtener el máximo provecho de su tiempo.

FOMENTAR LA MADUREZ ESPIRITUAL. Aparte tiempo para la devoción personal (leer la Biblia, meditar y orar), una participación activa en una iglesia bíblica, testificar de Jesús y servir al Señor en la iglesia de acuerdo a los dones que Dios le ha dado.

CUIDAR DEL MATRIMONIO Y DE LA FAMILIA. En Cantar de los Cantares nos encontramos con una declaración adecuada que dice: «Mis hermanos se enfadaron contra mí, y me obligaron a cuidar las viñas; ¡y mi propia viña descuidé!» (Cantar de los Cantares 1:6). ¡Qué comentario más triste y cuán cierto es que muchas de las contribuciones externas no concuerdan con el cuidado para aquella persona que nosotros decimos que amamos más! ¿Acaso su agenda muestra siempre un tiempo con su esposa y sus hijos, los aniversarios de la familia, las vacaciones o una visita a la heladería? Estas son cosas demasiado importantes para dejarlas al azar. Usted debe presupuestar un tiempo para las mismas.

AUTOSUPERACIÓN. Para muchos el estudio termina con la graduación de la escuela o de la universidad. La Biblia nos recomienda estudiar siempre para presentarnos a nosotros mismos aprobados, como obreros que no tienen de qué avergonzarse, manejando de una manera recta la palabra de verdad (2 Timoteo 2:15). Usted debe presupuestar su tiempo para poder llevar a cabo un estudio continuado, una lectura de la literatura clásica tanto de autores cristianos como no cristianos, y aprender nuevas habilidades y mejorar las antiguas. He de confesar que en mi caso esto ha llegado a ser un hábito, siempre soy un estudiante, estudiando para un programa certificado u otro a distancia y por medio de un aprendizaje flexible.

> ¿ACASO SU AGENDA MUESTRA SIEMPRE UN TIEMPO CON SU ESPOSA Y SUS HIJOS, LOS ANIVERSARIOS DE LA FAMILIA, LAS VACACIONES O UNA VISITA A LA HELADERÍA?

USO DE HERRAMIENTAS EN LA ADMINISTRACIÓN DEL TIEMPO. A veces me descubro a mí mismo volviendo a los planificadores de tiempo y a los diarios convencionales. Son herramientas muy útiles, en especial como una ayuda para un asistente personal capaz en su difícil trabajo de disciplinar a los líderes para que se ajusten a los horarios, evitando excesivos compromisos y manteniendo primero lo primero. Le agradezco a Dios que haya creado a los asistentes personales. Yo le llamo al mío «el jefe», porque tiene autoridad dentro de siete parámetros para ejercer disciplina sobre mí.

Para manejar su tiempo de forma real, le recomiendo cinco herramientas, cuatro de las cuales están contenidas en cualquier buen diario:

1) *La primera,* que ha de crear por sí mismo, es su plan estratégico personal y su programa administrativo de apoyo. Sin importar cuán largo sea este documento —el cual siempre debe ser escrito— debe hacer un resumen de una página para poder insertarlo en su diario o guardarlo en un lugar muy accesible para usted. Todos los demás cuadros de la administración del tiempo deben ser guiados por el plan estratégico personal, debido a que el mismo representa la realización de la misión, la visión y los objetivos que uno debe alcanzar por medio del manejo del tiempo. (Véase capítulo 4.)

2) *Planificador anual*: A mí me gusta tener un tipo de hoja grande que pueda poner en la pared. También funcionará cualquier formato que le permita mirar y tener todo el año a la vista. El Cuadro 5.1 (página 95) es muy fácil de crear en un computador si no quiere gastar dinero para comprar uno. Le servirá para el mismo propósito.

En su planificación anual, indique todas las cosas importantes que deba realizar en ese año: escribir un libro, ir de vacaciones, asistir a una convención, etc. Algunas serán habituales, otras surgirán mientras se desarrolle el año.

3) *Planificador mensual*: Lo que se hace para el año se repite en detalle para cada mes. Una buena agenda debería tener una página para cada mes que le per-

mita la asignación de tiempo para las cosas más importantes. Por ejemplo, para el mes de febrero podría ser algo así como el Cuadro 5.2 (página XXX). Una vez que los días estén organizados, usted querrá centrarse en algunas actividades importantes: un fin de semana con su esposa, asistir a la graduación de su hijo pequeño, las reuniones de comités, etc. Su planificador anual también puede servir como planificador mensual.

4) *El planificador semanal*: Una de las contribuciones mayores de Stephen Covey es el concepto de la administración semanal del tiempo guiada por los roles y los objetivos de la misión-visión.[1] Él recomienda que al principio de la semana usted asigne su tiempo de acuerdo con sus objetivos y roles para las cosas importantes que deben ser realizadas en dicha semana. Yo he practicado esto por algún tiempo y he visto que si usted toma la iniciativa de poner los temas importantes en su agenda semanal (lo primero, primero), organizará los otros temas alrededor de sus prioridades y no al revés. Usar una estructura semanal para organizar los temas inmediatos de la vida de uno es un instrumento poderoso de la administración del tiempo dirigida con propósito. (Véase Cuadro 5.3, página 97.)

> SI USTED TOMA LA INICIATIVA DE PONER LOS TEMAS IMPORTANTES EN SU AGENDA SEMANAL, ORGANIZARÁ LOS OTROS TEMAS ALREDEDOR DE SUS PRIORIDADES Y NO AL REVÉS.

CUADRO 5.1
PLANIFICADOR ANUAL

	Enero	Febrero	Marzo	Abril	Mayo	Junio	Julio	Agosto	Septiembre	Octubre	Noviembre	Diciembre
1												
2												
3												
4												
5												
6												
7												
8												
9												
10												
11												
12												
13												
14												
15												
16												
17												
18												
19												
20												
21												
22												
23												
24												
25												
26												
27												
28												
29												
30												
31												

5) *La agenda diaria*: Esto no requiere mucha elaboración, pues prácticamente todos ya la usan. Lo más importante es anotar las dos o tres cosas ineludibles que debemos hacer cada día al principio de la semana y revisarlas de nuevo al final del día precedente o muy temprano a la mañana. En mi caso, debido a que debo reunirme con mi asistente personal al finalizar cada día, tenemos un formato de una página en la computadora en el cual todas las actividades planeadas para el día siguiente están resumidas. El Cuadro 5.4 (página 99) es una reproducción exacta del cuadro de mi agenda diaria en la computadora con un día típico de los asuntos que deben realizarse.

CUADRO 5.2
PLANIFICADOR MENSUAL PARA FEBRERO

Domingo	Lunes	Martes	Miércoles	Jueves	Viernes	Sábado
1	2	3	4	5	6	7
8	9	10	11	12	13	14
15	16	17	18	19	20	21
22	23	24	25	26	27	28

Principio 4: Calcular el tiempo

Usted debe controlar el uso de su tiempo por sí mismo. Sin embargo, sabemos lo que pasa con las resoluciones para el año nuevo. Solo duran los cinco primeros días del año. Eso no es lo que significa administrarse uno mismo. Y esa es la razón por la que, en las secciones anteriores, hemos enfatizado el compromiso, los buenos hábitos y la disciplina.

Usted debe poner en el lugar adecuado las fechas límites y las metas clave para realizar los objetivos a corto, medio y largo plazo.

	Domingo	Lunes	Martes	Miércoles	Jueves	Viernes	Sábado
CUADRO 5.3 — PLANIFICADOR DE TIEMPO SEMANAL							
5.00							
5:30							
6:00							
6:30							
7:00							
7:30							
8:00							
8:30							
9:00							
9:30							
10:00							
10:30							
11:00							
11:30							
12:00							
1:00							
1:30							
2:00							
2:30							
3:00							
3:30							
4:00							
4:30							
5:00							
5:30							
6:00							
6:30							
7:00							
7:30							

La importancia de poner por escrito sus planes, objetivos y tareas principales es ayudar a la implementación y la monitorización de los mismos. Pueden estar escritos en una libreta o en la pared. La más importante es que deben estar visibles y ser ineludibles, así como específicos, medibles, alcanzables, realistas y con tiempo límite). Usted necesitará su documento escrito para observar el progreso y calcular el tiempo empleado.

> **LA IMPORTANCIA DE PONER POR ESCRITO SUS PLANES, OBJETIVOS Y TAREAS PRINCIPALES ES AYUDAR A LA IMPLEMENTACIÓN Y LA MONITORIZACIÓN DE LOS MISMOS.**

Además, se debe asignar un tiempo para el monitoreo formal y la evaluación. Haga de esto algo simple y divertido, y organícelo alrededor de las actividades familiares. ¿Qué mejor tiempo para examinar su matrimonio que un aniversario de boda? ¿O para considerar sus objetivos en la vida que los cumpleaños? ¿O para examinar la disciplina financiera que los días de pago? ¿O para revisar sus objetivos familiares que la atmósfera relajada de unas vacaciones anuales?

Pocas personas son lo suficiente disciplinadas para implementar esquemas por medio de los cuales se pidan cuentas ellos mismos. Considere emplear los siguientes cinco grupos de aliados para que le ayuden a monitorear y evaluar su progreso. Están escritos en orden de importancia para el líder de la familia.

a) *Su esposa*. Ella quiere que usted tenga éxito, pero no a costa del matrimonio y la familia.

Tiempo	Actividad	Comentario
CUADRO 5.4 ACTIVIDADES DE HOY Fecha:_____		

CUADRO 5.4
ACTIVIDADES DE HOY

Fecha:_____

Tiempo	Actividad	Comentario
8:00 a.m. Reunión del equipo de operaciones		
8:30 a.m.		
9:00 a.m. Inauguración del programa de maestría para ejecutivos		
9:30 a.m.		
10:00 a.m.		
10:30 a.m.		
11:00 a.m. Reunión con el director de recursos humanos		
11:30 a.m.		
12:00 a.m.		
12:30 m. Reunión con el consejo administrativo		
1:00 p.m.		
1:30 p.m. Almuerzo con los visitantes de la Universidad de Birmingham		
2:00 p.m. Asistir a la reunión de la junta directiva		
2:30 p.m.		
3:00 p.m.		
3:30 p.m.		
4:00 p.m.		
4:30 p.m.		
5:00 p.m.		
5:30 p.m.		
6:00 p.m. Conferencia sobre la administración de las finanzas personales en la Primera Iglesia Bautista		
6:30 p.m.		
7:00 p.m.		
7:30 p.m. Cena		
8:00 p.m. Un tiempo familiar		

b) *Sus hijos*. Los hijos son los primeros en detectar el desequilibrio en su vida. Y si les da la oportunidad de monitorear su progreso, no le darán descanso ni a usted ni al cielo hasta que haga lo que sea requerido. Déles el derecho de opinar sobre su uso del tiempo. Muchos líderes no saben cuán importante es su éxito en verdad para sus seguidores, los cuales, en el hogar, son su esposa y sus hijos.

> **A MENOS QUE DELEGUE Y PREPARE A OTROS PARA AYUDARLE A MANEJAR SU TIEMPO, ELLOS PODRÁN HACER MUY POCO.**

c) *Su asistente en la oficina*. Se les puede llamar secretarias personales, asistentes ejecutivos o de cualquier otra forma. Lo importante es que estas personas ayudan a organizar el tiempo del líder y sus agendas. Son fundamentales para asegurar que las cosas importantes sean atendidas como lo que son, que las citas se mantengan, y que las señales de alarma se disparen antes de que las cosas corrientes se conviertan en urgentes. Son de gran ayuda para la disciplina y el manejo del tiempo. Asegúrese de que haya tiempos destinados para el descanso, la distracción y todo aquello que sea necesario en su calendario. Prepárelos y capacítelos para que sean sabios y sepan discriminar al manejar su agenda. Después de todo, usted es el jefe, y normalmente la responsabilidad termina en usted. A menos que delegue y prepare a otros para ayudarle a manejar su tiempo, ellos podrán hacer muy poco.

d) *Un grupo de referencia para rendir cuentas*. Cada líder puede hacerlo con un número de amigos ante los cuales rinde cuentas, amigos que comparten sus objetivos. Esto puede ser un grupo celular en la iglesia, un grupo de amigos confiables en el trabajo, o antiguos colegas que, gracias a la Internet, solo están a un clic de distancia a través de su computadora.

e) *Mentores.* Cada persona necesita un mentor. Tengo mentores tanto vivos como muertos. Los que ya fallecieron van desde Pablo y Pedro hasta Martín Lutero, E. Stanley Jones y Oswald Chambers. Al leer sus escritos, actúan como mentores para mí. Sin embargo, los mentores que estamos mencionando aquí son aquellos que están vivos, a los cuales buscamos y cuyas perspectivas respetamos. Déle a estas personas la libertad de comentar sobre su progreso y uso del tiempo. Los Akans (el pueblo que habita en el sur de Gana) tienen un proverbio que dice: «A quien va abriendo un camino le resulta difícil saber si este va quedando recto o torcido».

Vale la pena tener un punto de referencia.

BENEFICIOS DE UNA VIDA ORGANIZADA

El impacto relativo de una vida bien organizada —no de una vida perfecta, cuya búsqueda puede resultar en neurosis— es enorme. Las recompensas son muchas y significativas. Y constituye una ilustración de los beneficios del liderazgo personal. A continuación he escrito algunas de las bendiciones de dirigir y manejar la propia vida como lo opuesto a ir a la deriva:

Al redimir el tiempo, usted tiene la oportunidad de incrementar sus habilidades y conocimientos.

- La creatividad se engendra cuando se aparta tiempo para la reflexión.

- El aumento de la productividad a menudo resulta del incremento de la preparación y las habilidades.
- Usted necesita tiempo para mejorar las relaciones sociales con los amigos, y esto viene de una administración efectiva del tiempo.
- El tiempo para servir a otros es un resultado importante de la vida organizada.
- Las recompensas financieras a menudo provienen de una buena administración del tiempo.
- El crecimiento espiritual está unido al uso de su tiempo.
- Una buena salud puede ser el resultado de una adecuada organización de su vida.
- Una familia mejor y una vida familiar y un matrimonio excelentes son un resultado importante de una buena gestión del tiempo.
- El tiempo para el ocio y la diversión tienen más posibilidades de estar disponibles.

PREGUNTAS:

1. El autor dice: «Nuestra visión, objetivos y roles deben dirigir nuestro uso del tiempo y no al revés». ¿Por qué cree usted que esto es así?

2. ¿Qué exigencias diarias ocupan la mayor parte de nuestro tiempo? ¿Ve usted alguna forma de poder cambiarlas?

3. ¿De qué maneras concretas puede redimir el tiempo de su agenda?

4. Dios le ordenó al hombre que apartara un tiempo para descansar y recuperarse. ¿Por qué?

CAPÍTULO 6

DIRIGIENDO EL HOGAR I: LAS FUNCIONES CLAVE DEL HOGAR CRISTIANO

Uno de los eslabones más débiles en la literatura sobre el liderazgo tiene que ver con la dirección en el hogar. El liderazgo nacional y del mundo de los negocios domina la mayoría de los escritos sobre el tema. Esto es una muestra más de cuánto hemos devaluado el hogar, la madre de todas las instituciones y la cuna del liderazgo.

Sin embargo, parte del problema se origina en la diferencia de la semántica entre la empresa y el hogar. Títulos como presidente, gerente general, director administrativo y mentor no se usan en el hogar, y con toda razón. En lugar de esto, hablamos acerca del padre, la madre y los hermanos. No podemos permitir que estos nombres oculten la importancia del hogar como el factor principal en la formación del liderazgo en otras esferas de la vida. No hay otro líder como el padre o la madre, el esposo o la esposa. El hogar es el lugar donde todos los desafíos y las funciones de liderazgo son puestos a prueba en lo más básico y donde, por desgracia, algunos han fallado de forma rotunda.

Por una parte, muchos líderes admitirán que mucho de lo que son lo aprendieron en el hogar. En mi caso, no hay dudas de que le debo mucho a mi madre misionera, emprendedora y, de alguna manera, disciplinaria, Abena Pomaa, la cual les dio a sus siete hijos sueños, visión y todo aquello que significa ser un líder, a pesar de su desventaja como granjera rural africana, pobre y analfabeta. El resultado fue que ella educó líderes en la medicina, la universidad y la enseñanza en una sociedad masculina, tradicional y chovinista. Esto se debió a que era una verdadera líder ciudadana. Nos dio visión para esforzarnos en ser cultos, trabajar duro y hacer todo con excelencia. De la misma manera que mamá era excepcional, y supongo que muchos lectores dirían lo mismo de sus madres, cada padre es un líder en el hogar.

Una de las dificultades principales para conseguir que los matrimonios se entiendan es lo importante que es dirigir a sus familias de una manera consciente, en vez de dejarse guiar por la tradición y la costumbre. Por desdicha, el concepto mismo de un hogar cristiano para muchos no es ya tan obvio hoy en día. Sin embargo, en este capítulo describiré lo que significa para mí el hogar cristiano y sus funciones básicas. Y debo agradecerle a mi esposa muchas de estas ideas.

EL HOGAR CRISTIANO

Es importante para nosotros empezar nuestra discusión desde el mismo principio, y definir el hogar cristiano y sus funciones. En estos tiempos, la palabra *cristiano* a menudo se usa con el significado de «bueno», «civilizado» o incluso «occidental». Un cristiano podría ser cualquiera de las cosas anteriores, pero es mucho más. No sería necesario decir que el hogar cristiano es un hogar que es «de Cristo» en cuatro maneras.

Primero, esto significa que la familia se relaciona con Jesucristo como Salvador, en el cual confía como Redentor. Segundo, y como un resultado natural de lo anterior, las normas de la Biblia (la Palabra y la voluntad de Dios) constituyen la regla de vida y conducta de ese hogar. En tercer lugar, el señorío de Jesucristo se celebra en el sentido de que él se reconoce de manera activa como Cabeza y Señor para ser obedecido en la vida familiar. Por último, los miembros de la familia crecen en el «temor y la amonestación de Dios».

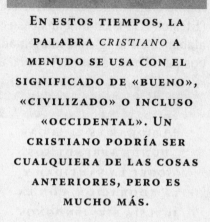

EN ESTOS TIEMPOS, LA PALABRA *CRISTIANO* A MENUDO SE USA CON EL SIGNIFICADO DE «BUENO», «CIVILIZADO» O INCLUSO «OCCIDENTAL». UN CRISTIANO PODRÍA SER CUALQUIERA DE LAS COSAS ANTERIORES, PERO ES MUCHO MÁS.

El hogar cristiano desempeña cinco funciones irreemplazables en la vida de sus miembros y de la sociedad:

- un lugar de adoración
- un lugar permanente del amor
- una escuela de aprendizaje
- un laboratorio de trabajo
- un lugar de gobierno

El hogar cristiano es un lugar de adoración

El hogar cristiano es el núcleo de la iglesia. Si Jesucristo es la Cabeza, Señor y Salvador del hogar cristiano, entonces la primera función del hogar cristiano es la adoración. La ironía, hoy en día, es que muchos cristianos ven la iglesia como el lugar para adorar de la misma manera que ellos esperan que la Escuela Dominical sea responsable de la educación espiritual de sus hijos. Esto es contrario al mandato divino.

El hogar es el lugar donde aprendemos sobre la santidad y la adoración, con la iglesia sirviéndonos como un foro para la celebración colectiva de nuestras experiencias individuales. Cuando nos encontramos juntos como iglesia, debemos venir con una canción en nuestra boca, una palabra de testimonio o un salmo en nuestros corazones llevados desde casa (Efesios 5:19). En muchos casos las personas que dirigen la alabanza *en* la iglesia son tentadas a usar toda clase de trucos para llevar a las personas a un estado de ánimo de adoración después de una larga semana en la que ha existido una falta de conducta cristiana vital en el hogar. Si el éxito de nuestra vida espiritual viene de leer la Biblia y de meditar en ella «día y noche», eso es algo que debe realizarse en el hogar (véase Josué 1:8). En Deuteronomio 6:5-9 los santos son exhortados:

> **EL HOGAR ES EL LUGAR DONDE APRENDEMOS SOBRE LA SANTIDAD Y LA ADORACIÓN, CON LA IGLESIA SIRVIÉNDONOS COMO UN FORO PARA LA CELEBRACIÓN COLECTIVA DE NUESTRAS EXPERIENCIAS INDIVIDUALES.**

Ama al SEÑOR tu Dios con todo tu corazón y con toda tu alma y con todas tus fuerzas. Grábate en el corazón estas palabras que hoy te mando. Incúlcaselas continuamente a tus hijos. Háblales de ellas cuando estés en tu casa y cuando vayas por el camino, cuando te acuestes y cuando te levantes. Átalas a tus manos como un signo; llévalas en tu frente como una marca; escríbelas en los postes de tu casa y en los portones de tus ciudades.

Si la verdadera religión comienza en el corazón, el epicentro de su práctica está entonces en el hogar. Si una familia pasa treinta minutos al día en oración, estudio bíblico y adoración, estarán dedicándole a estas disciplinas cuatro veces más tiempo que el que utilizan en la adoración corporativa. Esto facilitará el crecimiento cristiano y la madurez mucho más de lo que puede hacerlo la iglesia en una hora. Por otra parte, la iglesia en el hogar facilita la práctica de la religión y combina la fe con la vida. Aun más importante, la iglesia local será más fuerte como resultado de las iglesias «funcionales» en los hogares.

El hogar es un lugar permanente del amor

El amor total se aprende en el hogar. Para mí, es solo en el hogar donde todos los aspectos del amor pueden ser practicados. Primero, el amor sexual romántico, el *eros*, tiene que ser practicado entre el pueblo de Dios solo dentro del matrimonio. Después está la amistad, o *phileos*, en la forma del cuidado, el compromiso y la sensibilidad, así como también el amor incondicional. Muchas veces, cuando la gente tiene problemas en su matrimonio, en el trabajo o con los amigos, la fuente de ellos se pude rastrear hasta una vida de hogar disfuncional, donde el amor no ha sido conocido en toda su plenitud.

La función del hogar cristiano de enseñar y practicar el amor es irremplazable. Desde el hogar aprendemos cómo casarnos, vivir con otros y servir. Esto es debido a que Dios tuvo la intención de que el hogar fuera el lugar permanente del amor.

> LA FUNCIÓN DEL HOGAR CRISTIANO DE ENSEÑAR Y PRACTICAR EL AMOR ES IRREMPLAZABLE. DESDE EL HOGAR APRENDEMOS CÓMO CASARNOS, VIVIR CON OTROS Y SERVIR.

El hogar es una escuela de aprendizaje

El hogar es la escuela del aprendizaje, aunque los padres sean o no conscientes de ello. En el hogar, el niño aprenderá acerca de la fe, el lenguaje, las normas sociales, las creencias y los valores. Entre los cinco y los siete años de edad se determina mucho de lo que el niño llegará a ser más tarde. Siempre me asombra ver cómo un niño nacido en una familia china aprende el idioma en dos años y a los cinco ha aprendido más del setenta y cinco por ciento de las normas del pueblo chino. Un niño estadounidense aprende de igual forma el inglés de los Estados Unidos y su cultura. Asimismo, un niño zulú actúa como tal a muy temprana edad. Este es el poder del hogar y su impacto en el desarrollo de las personas a nivel intelectual, social y espiritual.

Aparte de la influencia de la atmósfera del hogar en el aprendizaje, muchas veces el estatus y los recursos de la familia también perfilan muchas de las fuerzas que nos impactan. Esto incluye el vecindario donde vivimos, las escuelas a las que asistimos y los amigos que tenemos. No trato de imponerle un énfasis indebido al ambiente. No creo en el determinismo del medio ambiente que otros usan como escape para la responsabilidad personal. Sin embargo, el impacto del hogar es tan grande que llega a ser el factor dominante en nuestras vidas. De esta forma, una ruptura de las normas sociales siempre empieza con una ruptura de la vida familiar en el hogar.

El hogar es un laboratorio de trabajo

El sistema escolar es bueno para preparar a las personas para ser enfermeros, doctores, ingenieros, maestros y granjeros. Sin embargo, por lo general es muy pobre para enseñar la ética del trabajo, la evaluación personal, el manejo del tiempo y un anhelo por la calidad y la excelencia.

Por ejemplo, hemos visto que cuando a los niños no se les enseña en el hogar a trabajar con sus manos, cabeza y corazón, son minusválidos para siempre. Trabajar con las manos —haciendo trabajo manual, limpiando la casa, aprendiendo a cocinar, lavando el coche— es tan importante para el carácter y una vida saludable que nos inclinamos a colocar tal cosa en un nivel inmediatamente después del estudio personal de la Biblia y la oración. En este sentido, a la juventud de hoy se le pasa por alto un aspecto importante de la vida con el incremento de la automatización de las tareas familiares.

No hay un lugar mejor para enseñar los hábitos de trabajo que el hogar, a los pies de papá y mamá. Lo bueno es que a muchos hijos les encanta trabajar en el coche con el papá, cocinar con sus padres, ayudar en el hogar o cortar el césped. Sin embargo, es fácil que su celo y entusiasmo se desalienten con rapidez si los padres están muy cortos de tiempo y quieren acabar con estas tareas volando. En este caso, a los niños se les niega la oportunidad de trabajar con sus manos. Como resultado, usted ha visto a algunas muchachas que les entra pánico cuando se casan, debido a que no pueden imaginarse cómo mantener el hogar.

El sistema escolar hace relativamente un buen trabajo en la preparación de las personas para trabajar con su mente. En realidad, es para todo lo que es bueno en algunos lugares. Es en el hogar donde necesitamos aprender el valor de trabajar con nuestro corazón, es decir, desarrollar una actitud positiva y saludable hacia el trabajo.

El hogar es un lugar de gobierno

El hogar esta diseñado para enseñar a las personas a respetarse y vivir bajo autoridad y con otros en armonía y respeto mutuo. Creemos que la Biblia, al señalar al marido como la cabeza en la unidad matrimonial de dos miembros, resolvió un problema de gobierno. Esto no implica la superioridad intrínseca de un sexo sobre otro. (Veremos más sobre esto en el capítulo 8, «Cómo dirigir a nuestra esposa»).

El concepto de gobierno es en particular importante para los hijos. El respeto por la autoridad, los mentores (y los padres lo son en gran medida) y la disciplina empieza en el hogar. Cuando el hogar incumple estas funciones, la sociedad paga un alto precio. Es en el hogar donde aprendemos primero el arte de vivir con otros y de compartir un espacio común, los recursos, las esperanza y las ilusiones.

EL RESPETO POR LA AUTORIDAD, LOS MENTORES (Y LOS PADRES LO SON EN GRAN MEDIDA) Y LA DISCIPLINA EMPIEZA EN EL HOGAR.

El hogar es la cuna de la formación del liderazgo. Los hijos miran a sus padres y los imitan. Gracias a Dios, algunas veces los hijos de los hogares disfuncionales le dan la espalda a las prácticas de sus propios padres y aprenden más tarde en la vida. No obstante, el dicho «de tal padre tal hijo» es por lo general cierto.

SU LIDERAZGO EN EL HOGAR CUENTA

Dada la importancia del hogar en la vida de los individuos, las familias y la sociedad, es desafortunado que el liderazgo en el hogar no haya recibido la atención necesaria en la literatura sobre este mismo tema. Por cierto, escribir sobre ser padres tiene que ver de forma indirecta con el liderazgo. Sin embargo, el fallo en tratar de manera explícita este rol del liderazgo tan importante y prevaleciente es inexplicable.

Dentro del contexto del hogar, el apóstol Pablo nos advierte a los padres en Efesios 6:4 que no exasperemos a nuestros hijos con grandes demandas y expectativas inde-

bidas, lo cual es una advertencia contra el liderazgo auto-
crático y arbitrario. De modo inconsciente, quizás usted ha
practicado el liderazgo transaccional basado en las recompensas, por medio del cual comanda a los seguidores solo
porque usted descansa principalmente en el poder coerciti-
vo, ya sea este físico, financiero o cualquier otra prerrogati-
va que pueda tener.

El modelo de los líderes servidores transformacionales
es el que se necesita más en el hogar, donde el esposo-padre
dirige a su familia con una combinación única de humildad,
competencia, carácter y servicio sacrificado, como Cristo
hizo por su esposa, la iglesia.

Este tipo de liderazgo en el hogar, que es tanto cristiano como transformador, ofrece un contraste con dos de los
conceptos más populares del liderazgo, a saber, el liderazgo
masculino chovinista tradicional y su versión eclesiástica de
autoritarismo, que parece que estuviera pasando inadvertida-
mente bajo una aparien-
cia de teología. Déjenme
ilustrar lo anterior con las
sociedades africanas tra-
dicionales donde yo crecí,
aunque esto, en un grado
menor, parece que preva-
lece en muchas otras so-
ciedades.

En las sociedades tra-
dicionales el esposo es el
patriarca. Esto es evidente
en la sociedad israelita antigua, como se refleja en el
Pentateuco. La mujer defi-
nitivamente tiene un estatus inferior. Ella está allí

> **EL MODELO DE LOS
> LÍDERES SERVIDORES
> TRANSFORMACIONALES ES
> EL QUE SE NECESITA MÁS
> EN EL HOGAR, DONDE EL
> ESPOSO-PADRE DIRIGE
> A SU FAMILIA CON UNA
> COMBINACIÓN ÚNICA DE
> HUMILDAD, COMPETENCIA,
> CARÁCTER Y SERVICIO
> SACRIFICADO, COMO CRISTO
> HIZO POR SU ESPOSA, LA
> IGLESIA.**

para servir al marido: cocinarle, cuidar a sus hijos, hacer la mayoría de las tareas domésticas y satisfacer sus necesidades sexuales.

En mi sociedad tradicional, es muy corriente encontrar a un hombre volviendo de su labranza o de su hacienda con su mujer embarazada después de un día largo de trabajo en el campo. La mujer quizás lleve a su hijo más pequeño cargado en su espalda. A la vez, transporta los productos del campo encima de su cabeza para la cena de la noche, incluyendo la leña para cocinarlos. Detrás de ella estaría su saludable esposo, silbando alegremente, mostrando su machete o escopeta que pesa mucho menos que la carga de su esposa. Al llegar a su casa, el hombre se relaja en su silla mientras la mujer hierve el agua para que él se pueda bañar y preparar la comida. Mas tarde en la noche, la esposa tendrá sexo con él. Esta relación es aprobada por la tradición, por «los dioses» y por los antepasados. En realidad, llega a ser algo tan normativo que al hombre que intente a ayudar a su esposa se le ridiculiza como si se hubiera convertido en una mujer. Aun los amigos y los familiares de la esposa pueden reprenderla por hacer que su esposo desempeñe la función de la mujer. Mientras la práctica anterior es un extremo, muchas mujeres alrededor del mundo se quejan de desigualdades similares; en especial en la realización de las tareas de la casa.

Es triste decir que los versos usados para justificar este enfoque son las palabras sagradas del apóstol Pablo:

Sométanse unos a otros, por reverencia a Cristo. Esposas, sométanse a sus propios esposos como al Señor. Porque el esposo es cabeza de su esposa, así como Cristo es cabeza y salvador de la iglesia, la cual es su cuerpo. Así como la

*iglesia se somete a Cristo, también las esposas deben some-
terse a sus esposos en todo. Esposos, amen a sus esposas,
así como Cristo amó a la iglesia y se entregó por ella, para
hacerla santa. Él la purificó, lavándola con agua mediante la
palabra, para presentársela a sí mismo como una iglesia ra-
diante, sin mancha ni arruga ni ninguna otra imperfección,
sino santa e intachable. Así mismo el esposo debe amar a
su esposa como a su propio cuerpo. El que ama a su esposa
se ama a sí mismo, pues nadie ha odiado jamás a su propio
cuerpo; al contrario, lo alimenta y lo cuida, así como Cristo
hace con la iglesia, porque somos miembros de su cuerpo.
«Por eso dejará el hombre a su padre y a su madre, y se
unirá a su esposa, y los dos llegarán a ser un solo cuerpo»
(Efesios 5:21-31).*

Uno se pregunta cómo estos versículos han podido ser
usados para apoyar cualquier clase de liderazgo masculino
que no sea el del líder servidor. Para mí, tanto el hombre
como la mujer tienen el encargo como hermanos de someterse, rendirse o cederse terreno el uno al otro cuando temas
como la obediencia, la santidad o la reverencia a Cristo están
involucrados (v. 21). El hombre tiene que ser la cabeza o el
líder de su esposa. Pero los parámetros son claros: «como
Cristo es la cabeza … de la iglesia», para amarla (con amor
ágape, sacrificado e incondicional) «como Cristo amó a la
iglesia y se entregó por ella» (v. 25), pues «el esposo debe
amar a su esposa como a su propio cuerpo» (v. 29). El verso
31 nos da la razón de por qué el hombre tiene que dejar a su
padre y a su madre y unirse a su esposa, es decir, amarla hasta
que los dos sean uno en espíritu, alma y cuerpo.

El liderazgo masculino en el hogar tiene que ser centrado en Cristo, amoroso y sacrificado. Creo que si el liderazgo
masculino cristiano es como prescribe la Biblia, la sumisión

EL LIDERAZGO MASCULINO EN EL HOGAR TIENE QUE SER CENTRADO EN CRISTO, AMOROSO Y SACRIFICADO.

de la esposa será casi invariablemente automática, porque hacerlo así será para su máximo beneficio. La Biblia afirma con claridad que este tipo de líder esposo-padre que se requiere en el hogar cristiano es el que Cristo modeló. En Marcos 10:42-45, Jesús declaró cuan diferente debe ser nuestro liderazgo:

Como ustedes saben, los que se consideran jefes de las naciones oprimen a los súbditos, y los altos oficiales abusan de su autoridad. Pero entre ustedes no debe ser así. Al contrario, el que quiera hacerse grande entre ustedes deberá ser su servidor, y el que quiera ser el primero deberá ser esclavo de todos. Porque ni aun el Hijo del hombre vino para que le sirvan, sino para servir y para dar su vida en rescate por muchos.

Y él demostró el liderazgo servidor en la noche de su crucifixión al lavar los pies a sus discípulos cuando no había nadie sirviendo alrededor y ningún discípulo estaba dispuesto a rebajarse tanto para hacer el trabajo de un siervo. Cuando Jesús terminó dijo:

Ustedes me llaman Maestro y Señor, y dicen bien, porque lo soy. Pues si yo, el Señor y el Maestro, les he lavado los pies, también ustedes deben lavarse los pies los unos a los otros.

Les he puesto el ejemplo, para que hagan lo mismo que yo he hecho con ustedes. Ciertamente les aseguro que ningún siervo es más que su amo, y ningún mensajero es más que el que lo envió. ¿Entienden esto? Dichosos serán si lo ponen en práctica (Juan 13:13-17).

PREGUNTAS:

---

1. ¿Cuáles son las funciones del hogar cristiano?

2. ¿Por qué debemos recuperar el significado original de la palabra cristiano?

3. ¿Dónde debe recibir un niño su formación espiritual básica? ¿Por qué?

4. ¿Modelan usted y su esposa los buenos hábitos cristianos en el hogar? ¿Hay alguna manera en la que pueda mejorar en cuanto a esto?

CAPÍTULO 7

DIRIGIENDO EL HOGAR II: LA PRÁCTICA Y LOS DESAFÍOS

No hay un lugar donde se necesite más el liderazgo efectivo que en el hogar, donde las vidas jóvenes son moldeadas. Tal cosa se debe a que los líderes efectivos realizan las siguientes funciones, las cuales son irreemplazables:

- *Proveer dirección.* Esto se hace al definir el propósito, la visión y los objetivos específicos por los que va a trabajar. El hogar a menudo es donde los sueños, la visión y las aspiraciones son inculcadas.

NO HAY UN LUGAR DONDE SE NECESITE MÁS EL LIDERAZGO EFECTIVO QUE EN EL HOGAR, DONDE LAS VIDAS JÓVENES SON MOLDEADAS.

- *Desarrollar las estrategias.* Esto nos lleva a la visión. Las estrategias necesitan tener en cuenta el desarrollo de cada miembro de la familia, en especial de la madre, cuyo desarrollo personal es a menudo sacrificado.

- *Movilizar a los seguidores*. Esto nos permite movilizar a los miembros de la familia, inspirarlos, motivarlos y fortalecerlos para la realización de la visión.

- *Manejar el cambio*. Es lo que se hace a través de la ayuda a la familia para que pueda arreglárselas con las muchas transiciones del matrimonio y el crecimiento de los hijos hasta ser adultos independientes, incluyendo los años turbulentos y difíciles de la adolescencia. Si alguno piensa que el manejo del cambio en una compañía o institución es más difícil, lo más seguro es que no habrá tomado en serio el trabajo de manejar los cambios económicos, sociales, espirituales y físicos en el hogar. Llamo a esto el mayor trabajo del mundo.

- *Dirigir en la toma de decisiones y la solución de problemas*. Esto se requiere no tan solo en los temas financieros, sino también en los temas espirituales y sociales.

- *Desarrollo de otros líderes*. Ayudar a otros miembros de la familia, desde los más pequeños hasta la propia esposa, a realizar todo el potencial dado por Dios para influenciar a los demás y a su mundo para bien.

EL CONTEXTO DEL LIDERAZGO EN EL HOGAR

Mientras los principios del liderazgo pueden atravesar diferentes contextos —el hogar, la escuela, la comunidad, la empresa, las instituciones y la sociedad en general— cada contexto particular es importante para formar el liderazgo correcto. Además, las características y la madurez del seguidor son de una gran importancia. Por lo tanto, es esencial para nosotros observar tres aspectos importantes del contexto del hogar que deben impactar el liderazgo y la aplicación de las funciones mencionadas antes en el hogar. Primero está el contexto consanguíneo *amoroso*. El segundo tiene que ver con la relación *conyugal* única entre el hombre y la mujer. El tercero concierne a la relación entre los *padres y los hijos*.

Es muy fácil reducir el liderazgo masculino en el hogar a la provisión de un techo sobre nuestras cabezas, el transporte y las matrículas escolares para ver al hijo ir a la universidad. Un marido y un padre tienen que hacer todo esto, pero también debe hacerlo el estado. El padre tiene que estar físicamente presente allí para dar un abrazo, jugar con el hijo pequeño, y darle el apoyo necesario para realizar las tareas de la escuela. Estas cosas no pueden ser delegadas.

Cuando llegamos al punto de dirigir el hogar, muchos hombres no entienden que esto debe hacerse en colaboración estrecha con la esposa. La Biblia es muy clara al respecto. Son «los dos», no uno y medio, los que llegan a ser uno. Malaquías 2:14 declara: «Es tu compañera, la esposa de tu pacto». Dios hizo a la esposa como «una ayuda adecuada» (Génesis 2:18). Entender el concepto de la colaboración íntima es muy significativo para entender el liderazgo del hombre en el hogar. Es algo equivalente a ser el presidente de una asociación profesional donde uno es el *primus inter pares* (primero entre iguales). Lo mismo se aplica con todo lo que tiene que ver con dirigir a su esposa.

En su libro *The Joy of Human Love* [La alegría del amor humano], mi esposa Georgina introduce un concepto que ha llegado a ser una norma destacada para todo nuestro trabajo subsiguiente sobre la vida familiar. Ella bosqueja tres cosas que deberían formar la base de la relación entre los esposos cristianos y engendrar respeto mutuo y un reconocimiento de los respectivos roles como cónyuges.

Primero, el esposo y la esposa son iguales. Los dos fueron hechos semejantes a la imagen de Dios (Génesis 1:26-27), son iguales al pecar (Génesis 3; Romanos 3:23) y son iguales en la redención (Gálatas 3:28). Las abanderadas del movimiento de liberación feminista debieran estar dispuestas a decir amén a esto.

Sin embargo, la igualdad no es el fin. El hombre y la mujer en Cristo son iguales pero diferentes. Las diferencias físicas, psicológicas y emocionales entre el hombre y la mujer son irrefutables. Incluso parecería que sus respuestas espirituales son diferentes.

La buena noticia es que muchas de las diferencias entre los sexos son designadas por Dios para que los cónyuges se complementen el uno al otro como compañeros, o mejor todavía, como «coherederos». La intuición integral de la mayoría de las mujeres frente al pensamiento lógico de muchos hombres, los órganos sexuales distintivos de los hombres y las mujeres, y muchas otras diferencias, están ordenadas divinamente para completarse el uno al otro.

Desarrollar un aprecio hacia los sexos como iguales, diferentes y complementarios nos edificará mutuamente, en especial la autoestima de la esposa; engendrará un respeto mutuo y pondrá el papel del liderazgo del hombre en el lugar que le corresponde. Se trata de un liderazgo en colaboración íntima, así que los cónyuges trabajan juntos como un equipo.

La importancia de la colaboración en el liderazgo del hogar proviene del hecho de que en la relación con los hijos, tanto el esposo como líder, y la mujer como colaboradora, son también padres. Los hijos deben, por lo tanto, crecer dando igual honor a papá que a mamá. Así que, al ejercitar su función de liderazgo, el esposo no debería de ninguna manera devaluar la autoridad de su esposa ante los ojos de sus hijos. Todo lo contrario, al proveer el hombre un liderazgo como el de Cristo a su esposa, sirviéndola, respetándola y buscando lo mejor para ella de una forma sensible e incondicional, le dará un regalo inestimable a sus hijos: amar a su madre. ¡La cosa más grande que un hombre puede hacer por sus hijos es amar a su madre, su esposa!

LA PRÁCTICA DE DIRIGIR EL HOGAR

Los esposos y los padres deben aspirar a construir un equipo familiar vencedor. Aunque pareciera obvio, la aplicación práctica y consciente de los principios del liderazgo en el hogar es tan escasa que voy a usar toda esta sección para indicar lo que conlleva en la práctica.

No obstante, necesito advertirle algo desde el principio. Usted puede volverse paranoico y rígido con el liderazgo en el hogar y empezar a escribir toneladas de planes familiares estratégicos. Esto no le ayudará y, con toda probabilidad, es posible que ni su esposa ni sus hijos estén interesados en ello. Trate de leerle un presupuesto extenso a su hijo de siete años y se encontrará con muchos bostezos (excepto si está implicado el tema de algún dinero para su bolsillo y que sea pronto). En lugar de eso, use las siguientes sugerencias para orientar su manera de pensar y promover un mejor ejercicio del liderazgo en el hogar.

EL FACTOR MÁS IMPORTANTE A TENER EN CUENTA EN EL LIDERAZGO DE SU HOGAR ES USTED: SU CARÁCTER, CUIDADO Y SUMISIÓN A CRISTO.

Haga de sí una persona que los otros quieran honrar y seguir con respeto. El factor más importante a tener en cuenta en el liderazgo de su hogar es usted: su carácter, cuidado y sumisión a Cristo. Recuerde, como esposo usted está bajo el pastorado de Cristo. Es su rebaño el que está llamado a dirigir. Por lo tanto, dirigirse a sí mismo es un previo requisito para un liderazgo efectivo en el hogar. Un líder es una persona que otros quieren seguir de una manera voluntaria sin violar su libertad individual y su propia valía. En este aspecto, hay que ganarse el derecho al liderazgo.

Clarifique y desarrolle la misión para la familia. Anime a los miembros de su hogar a clarificar su misión como una familia cristiana. Esto es en particular importante al practicar la vida familiar cristiana en una sociedad materialista, descreída, que le fuerza a confrontar desafíos muy serios. En cuanto a esto, Josué, el personaje de la antigüedad, es nuestro mejor ejemplo. Él les pidió a los israelitas que tomaran una decisión acerca de si ellos iban a servir a otros dioses o al Señor. Luego añadió: «Por mi parte, mi familia y yo serviremos al Señor» (Josué 24:15). A menos que su familia pueda decir sin vergüenza esto mismo, usted cederá al aumentar las presiones para mantener el mismo ritmo y nivel que sus vecinos. De la misma manera que Josué, Jeremías y Daniel se mantuvieron firmes en santidad cuando todo a su alrededor era un mar de inmoralidad, idolatría e impiedad. Nuestras familias también pueden permanecer en santidad, reconociendo esta verdad: «Teme, pues, a Dios y cumple sus mandamientos, porque esto es todo para el hombre» (Eclesiastés 12:13). El esposo-padre debe modelar el temor de Dios.

Establezca una visión que entusiasme, fortalezca y movilice. La misión de su familia debería derivarse de su visión, la cual debe ser presentada de tal manera que sea inteligible para todos los miembros de la familia. Por ejemplo,

Colosenses 1:28 es una buena visión para las familias cristianas: «Presentarlos a todos [cada miembro de la familia] perfectos [maduros] en Cristo». Es hacia ahí que hemos de dirigir nuestra labor. La madurez conlleva equilibrio, discernimiento y un juicio recto en las esferas de lo físico, social, intelectual y espiritual. Aunque parezca duro, a cada miembro de la familia, tan temprano como sea posible, se le debe animar a desarrollar su propia visión, no necesariamente para ser un doctor, abogado o profesor, sino para ser un siervo maduro de Cristo en cualquier esfera particular de servicio hacia la cual el Señor lo dirija.

Desarrolle objetivos para la familia que sean claros, simples, medibles, alcanzables, realistas y con tiempo límite. La familia tiene que tener objetivos claros para cada una de las áreas importantes de la vida familiar e individual, tales como el desarrollo espiritual, el crecimiento intelectual y un buen discernimiento. La familia debe fijarse tanto objetivos financieros como sociales y de crecimiento físico, en especial para los hijos. En este aspecto, las amas de casa son a menudo las primeras víctimas de la falta de objetivos específicos para los miembros de la familia. Los hijos tienden a ser el foco de la atención hasta que se marchan de casa. En muchos casos, el resultado es que para la época en que la madre tiene cerca de cincuenta años y el esposo ha llegado a ser muy prominente en los negocios o el ministerio, con los hijos convertidos en doctores e ingenieros, la esposa aún permanece en el nivel de la secundaria en el que se quedó. Ha dado todo lo que tenía y ahora es como una concha vacía, porque no hay ningún plan de progreso preparado para ella llevar a cabo durante los veinte o treinta años que vivirá después de los años de crianza.

Trabajen juntos para cuidar de que se lleven a término cada uno de los objetivos. De eso es que tratan las estrategias: de cómo alcanzar la visión. Déjeme ilustrar esto. Estaba decidido a que el amplio potencial de Georgina fuera desarrollado a plenitud, debido a que se le había dado un gran potencial para contribuir en la iglesia y en la sociedad después de que sus hijos se marcharan de casa. Por lo tanto se le convenció, y eso tomó mucha persuasión amorosa, para que se apuntara y volviera otra vez a la escuela. Sin un esfuerzo consciente y una selección cuidadosa de los programas que le permitieran estudiar y al mismo tiempo seguir cuidando de la familia, este sueño no se hubiera podido realizar.

De la misma manera, para cada objetivo y cada miembro de la familia, el líder, con su familia, debe elaborar lo que implicará conseguir los objetivos, tomando en cuenta los recursos internos y externos y las restricciones de la familia. Esta es la esencia de la estrategia. Sin embargo, usted debe distinguir entre la coacción y la motivación. El líder debe conseguir que los otros alcancen grandes cosas a través de la inspiración, la motivación y el ánimo, y no por la fuerza o por lo dictado.

> **LOS LÍDERES DEBEN ESPECIALIZARSE EN INSPIRAR TANTO COMO EN MOTIVAR, ANIMAR Y FORTALECER A SUS SEGUIDORES —EN ESTE CASO LAS ESPOSAS Y LOS HIJOS— PARA DESARROLLAR SU POTENCIAL AL MÁXIMO.**

Elaboren juntos un plan simple de desarrollo familiar. Animamos a las familias a escribir un bosquejo simple de lo que Georgina y yo llamamos «Plan de desarrollo familiar» en nuestro libro *Manual for Family Life Counseling* [Manual para la consejería de la vida familiar]. Siempre ayuda poner por escrito su visión, misión, objetivos y estrategias de la manera más sencilla que puedan. Pongan su plan en un lugar que sea fácil de ver a menudo como familia.

Movilice a los miembros de la familia para implementar la estrategia y así alcanzar la realización de la visión. Los líderes deben especializarse en inspirar tanto como en motivar, animar y fortalecer a sus seguidores —en este caso las esposas y los hijos— para desarrollar su potencial al máximo. Es importante no concentrarse solo en los extrovertidos que hay en el hogar. Cada miembro requiere una atención especial del líder como un individuo único. La movilización es una función central del liderazgo. Otros deben verse a sí mismos como parte de la visión. Deben involucrarse en las estrategias y ser motivados a edificar una «catedral» familiar única donde Cristo sea honrado.

Recursos para la movilización. Es la responsabilidad del líder en el hogar identificar los recursos necesarios para el crecimiento de la familia. Aquí es fácil que los hombres se enfoquen en los aspectos materiales y financieros, olvidándose de aquellas áreas en realidad importantes. ¿Necesita el niño un especialista en educación? ¿Ha pensado lo suficiente en la decisión de a qué escuela asistirá o a qué lugar irá para adorar? ¿Estamos dando bastante atención al hecho de estar juntos como familia? La tendencia es dejarles estos asuntos a la madre. El líder dirige a su familia. Aun si usted delega algunas veces (y esto es parte del liderazgo), no se deberían abandonar ni el interés ni la responsabilidad.

Maneje las transiciones familiares con cuidado. Las familias atraviesan muchas transiciones: los cambios de domicilios y lugares de trabajo, las diferentes etapas del matrimonio, el crecimiento de los hijos desde la infancia a través de los años de adolescencia hasta llegar a ser adultos. Estas son transiciones inevitables que el líder del hogar debe supervisar y manejar con cuidado y compromiso. Por ejemplo, la mujer a menudo necesita un apoyo excepcional a lo largo de su menopausia. Sin embargo, muchos esposos están demasiado ocupados con las responsabilidades de su trabajo o de la iglesia y el ministerio para que ni siquiera se den cuenta de los «días malos de mamá».

El Dios de nuestros padres es aquel en quien confiamos. Por último, pero no por eso menos importante, está el hecho de que dirigir a su familia requiere fe en Dios. Nosotros debemos, como líderes cristianos masculinos, pedir y confiar en que Jesús nos va a dar sabiduría y dirección. Es la responsabilidad del padre ofrecer los sacrificios. Hoy no necesitamos la sangre de los toros, porque Cristo ofrendó su sangre de una vez por todas por nosotros. Pero aun así tenemos que ofrecer nuestras oraciones e intercesiones por cada miembro de la familia.

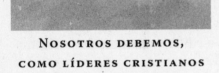

NOSOTROS DEBEMOS, COMO LÍDERES CRISTIANOS MASCULINOS, PEDIR Y CONFIAR EN QUE JESÚS NOS VA A DAR SABIDURÍA Y DIRECCIÓN.

OBSTÁCULOS DEL LIDERAZGO EFECTIVO EN EL HOGAR

Terminaré este capítulo con referencias a algunos obstáculos que con facilidad los hombres enfrentarán al tratar de proveer un liderazgo efectivo en el hogar:

- La constitución propia de los hombres
- El pecado expresado por medio del egoísmo
- La tradición
- La confusión con respecto al estatus de los sexos
- La interpretación equivocada de algunos pasajes clave de las Escrituras

- La ignorancia de las herramientas del liderazgo efectivo
- Satanás

La constitución propia de los hombres. Los hombres, por naturaleza, parecen constitucionalmente dispuestos a luchar, dominar y exigir respeto hacia su liderazgo. Esta tendencia es uno de los mayores obstáculos para el liderazgo servidor efectivo en el hogar. Tal cosa se ha ido manifestando en nuestra naturaleza desde que Adán y Eva pecaron (la Caída). A partir de entonces, es probable que nos hayamos mantenido, incluso de forma equivocada a veces, señalado de una manera acusatoria a «la mujer que me diste» (véase Génesis 3:12). Aquí es donde debemos aprender a someternos «unos a otros, por reverencia a Cristo» (Efesios 5:21).

El pecado expresado por medio del egoísmo. La parte peor de esta tendencia es que en la oficina los hombres aceptan a sus colegas femeninas como compañeras en igualdad de condiciones, las escuchan, e incluso reciben órdenes suyas si además la mujer es una jefa o supervisora. Sin embargo, el hombre en el hogar quiere tener la última palabra, ganar cada argumento y dominar.

Una escena de uno de los peores casos involucró a Juan y a Cristina (estos no son nombres reales). Cristina era doctora. Juan no tenía ningún título universitario. Él estaba tan paranoico que se salió de sus casillas y comenzó a exigirle cosas irracionales a Cristina, y sino hubiera sido por la gracia de Dios y el gran sufrimiento de ella, el matrimonio hubiera terminado en divorcio.

La respuesta a esta situación es aprender de Jesús, que dijo: «Soy manso y humilde». Un enemigo del matrimonio cristiano y por extensión de la familia es el pecado expresado por medio del egoísmo. El interés en uno mismo socava cada situación de liderazgo, y el hogar no es una excepción. El egoísmo se expresa a menudo en el deseo de tener nuestras necesidades satisfechas a expensas de los otros. En el matrimonio se manifiesta en particular en el dormitorio, donde los hombres buscan la satisfacción sexual con muy poca consideración a las necesidades de sus esposas. Pero la realidad es que los hombres no tienen el monopolio del egoísmo. En el caso de las mujeres, el egoísmo toma la forma de una manipulación sutil. Para no hablar de los hijos, que cuando son pequeños parecen a menudo una banda de egoístas. Debemos reconocer el egoísmo en nosotros como un pecado y muchas veces arrepentirnos y confesarlo a Jesús para que nos perdone. Deberíamos derrotar esta tendencia con la ayuda del Espíritu Santo. Esto no es un ejercicio de una sola vez. Debemos continuar hasta que podamos decir como nuestro Señor: «Estoy entre vosotros como uno que sirve».

La tradición. De manera invariable, nuestras tradiciones, vengan de donde vengan, están manchadas por el pecado, y como consecuencia, no apoyan la clase de líder servidor que las Escrituras propugnan. Como en otras áreas de nuestra vida cristiana, Jesús nos confronta: «Ustedes han desechado los mandamientos divinos y se aferran a las tradiciones humanas» (Marcos 7:8). Cada tradición humana tiene algunos aspectos buenos que se alinean con la voluntad de Dios, lo cual es una consecuencia de que Dios nos haya hecho conforme a su naturaleza. Pero también hay ciertas partes en nuestra tradición que reflejan nuestra rebelión. Debemos dejar que Jesucristo y su Palabra juzguen nuestras tradiciones y no al inverso. Solo cuando podamos decir «que es necesario obe-

EL EGOÍSMO SE EXPRESA A MENUDO EN EL DESEO DE TENER NUESTRAS NECESIDADES SATISFECHAS A EXPENSAS DE LOS OTROS.

decer a Dios antes que a los hombres» (Hechos 5:29) podremos ser conformados en verdad a su imagen.

Por ejemplo, en las sociedades tradicionales los cónyuges continúan siendo miembros de sus respectivas familias extendidas. Por lo tanto, sus hijos pertenecen a la familia de la mujer y no a la del marido, o viceversa. Esto es diametralmente opuesto al concepto bíblico acerca de que «los dos llegarán a ser una sola carne». De la misma manera, está siendo algo frecuente en las sociedades occidentales que las parejas firmen contratos prematrimoniales relativos a como compartirán sus propiedades en caso de que el matrimonio termine en divorcio. En otras palabras, el matrimonio ya no es más en lo bueno y lo malo hasta la muerte, sino que durará tanto como acordemos que dure.

Ninguno de nosotros es neutro desde el punto de vista cultural, aunque algunos piensen lo contrario. De modo invariable, reemplazamos una cultura o una tradición por otra debido a que somos seres sociales. Por lo tanto la gran pregunta sería qué tradiciones mantendremos y cuáles descartaremos. Les sugiero a los cristianos que, después de descartar el contexto sociocultural judío de la enseñanza bíblica, aún sigue habiendo una visión del mundo distintivamente bíblica (creencias y suposiciones que conforman la composición de nuestra cultura) que ellos deben adoptar. En el caso del liderazgo, se ha repetido una y otra vez que el modelo bíblico es el del liderazgo servidor, y que el ejemplo es Jesús mismo. Por lo tanto, usted tiene que examinar su cultura y decidir adoptar los patrones bíblicos cuando haya conflicto.

La confusión con respecto al estatus de los sexos. Vivimos en una época donde la presión por la igualdad de género en su peor forma está siendo interpretada como si significara que no hay diferencias entre los hombres y las mujeres. Visitando Kenia en junio del 2003, me interesé al escuchar de un nuevo borrador de la constitución que eliminaría la referencia al esposo como cabeza del hogar. Mientras debemos apoyar la eliminación de la discriminación de género, no debería ser a expensas de las enseñanzas claras de la Palabra de Dios: que los hombres y las mujeres son iguales y diferentes. Fueron creados para realizar roles complementarios, lo cual debe ser la base del respeto y la admiración mutua. En Cristo cada uno debe estar dispuesto a decir: «Soy una creación admirable» (Salmo 139:14).

Comprender el estatus de los sexos en el matrimonio es muy importante para el liderazgo en el hogar. Si los hombres y las mujeres son iguales, diferentes y complementarios, entonces no solo se trata del liderazgo masculino de alguien que sirve, sino que también el mismo es ejercido con la mujer como compañera. De esta manera, se respetarán y apoyarán mutuamente para asegurar que la empresa familiar tenga éxito.

HA SURGIDO MUCHA CONFUSIÓN CON RESPECTO AL SIGNIFICADO EXACTO DEL MANDAMIENTO PARA LAS MUJERES DE SOMETERSE A SUS ESPOSOS.

Entre los cristianos genuinos que creen en la Biblia, uno de los cuestionamientos del liderazgo servidor viene de la interpretación errónea de ciertas porciones de la Biblia, en particular de Efesios 5:22-23 y pasajes análogos que parecen sugerir que la mujer está subordinada, incluso que es inferior, al hombre. En concreto, ha surgido mucha confusión con respecto al significado exacto del mandamiento para las mujeres de someterse a sus esposos. En realidad, hasta hace muy poco, cuando la mujer empezó a subir al púlpito, se escuchaban muchos sermones acerca de la sumisión de la mujer y muy pocos del liderazgo masculino servidor. Aun cuando las personas hablaban del hombre como la cabeza de su esposa, la referencia clara al amor incondicional y sacrificado brillaba por su ausencia. En lugar de eso, el énfasis estaba en la necesidad de las mujeres de someterse debido a que el esposo era la cabeza.

Mi consejo es que el líder servidor masculino debe estar menos preocupado de que la mujer obedezca a Dios y más concentrado en sus propias responsabilidades de amar de forma incondicional y sustentadora a su mujer, vinculándose a ella y viviendo a su lado con conocimiento. Si usted hace esto, casi de manera infalible su esposa le respetará (Efesios 5:25-33; 1 Pedro 3:7). Si él es un líder, mientras dirija ella lo seguirá.

La ignorancia de las herramientas del liderazgo efectivo. Muchas veces el problema con el liderazgo servidor efectivo tiene que ver con la ignorancia. Aunque se pasen varios años en la universidad para aprender diferentes profesiones, en realidad muchos entran en el matrimonio solo con la preparación de lo que han observado en el matrimonio de sus padres y lo que ellos se han podido imaginar a través de las revistas y periódicos. Espero que este libro señale las herramientas para el liderazgo masculino efectivo en el hogar. De todas maneras, la Biblia continúa siendo el mayor recurso sobre el liderazgo en el hogar. Hay otros libros excelentes para ser un buen esposo y padre, incluyendo aquellos escritos por James Dobson, Gordon MacDonald, Chuck Swindoll y J. Oswald Sanders.

Satanás. Es el último, pero no el menos importante. Satanás atacará el gobierno en el hogar, en especial en aquel que esté dedicado a honrar a Dios. Esto es lo que ignoró Adán, y como resultado cayó. En vez de arrepentirse de su pecado y pedir perdón, Adán prefirió acusar a su esposa y a Dios. El primer fracaso del liderazgo masculino fue en el jardín del Edén. Toda la historia humana bien pudiera haber sido diferente hoy si él hubiese ejercido su liderazgo. La Biblia nos exhorta a cada uno: «Resistan al diablo, y él huirá de ustedes», y también a que lo mantengamos a raya al estar cerca de Dios (Santiago 4:7-8)

EL PRIMER FRACASO DEL LIDERAZGO MASCULINO FUE EN EL JARDÍN DEL EDÉN.

En conclusión, quiero enfatizar que muchos hombres, en especial los hombres cristianos, dirigirían a sus familias mejor si:

- Reconocieran la importancia de su familia ante los suyos.
- Acordaran darle al hogar la prioridad que Dios espera que le den.
- Aprendieran a aplicar los principios del liderazgo efectivo en sus hogares.
- Se enfocaran en confrontar los desafíos de ser líderes efectivos en el hogar.

Nuestras familias no están buscando ángeles. Quieren seguir nuestro liderazgo al ver, escuchar y sentir que el líder *hace* más de lo que dice.

PREGUNTAS:

1. ¿Cuáles son las funciones irreemplazables del hogar cristiano?

2. ¿Cuán diferente es la relación entre el líder y el seguidor en los variados contextos, como por ejemplo el hogar, la iglesia y la empresa?

3. ¿Por qué es importante que los seguidores respeten a sus líderes?

4. ¿Cuáles son algunos de los obstáculos del liderazgo masculino en el hogar?

CAPÍTULO 8

CÓMO DIRIGIR A NUESTRA ESPOSA

Dirigir a la esposa es un desafío único en el liderazgo. Esto es debido a que, a diferencia de otras situaciones, involucra el liderazgo dentro de una colaboración íntima. Tal cosa podría compararse con la posición de un socio gerente en una empresa de dos miembros. Por otra parte, las bases del liderazgo masculino hacia la esposa han de ser establecidas de acuerdo a la relación de Cristo con su iglesia. Para entender el liderazgo masculino dentro de esta relación íntima, es igualmente importante que primero exploremos los parámetros bíblicos del matrimonio definidos tal como Dios los pensó. Dentro de este marco, buscaremos entender las responsabilidades de los esposos.

El matrimonio, como Dios lo diseñó, es una relación de pacto entre un hombre y una mujer para toda la vida. Por esta razón, nos incumbe bosquejar de forma breve el tipo de relación que debe caracterizar el matrimonio cristia-

> **EL MATRIMONIO, COMO DIOS LO DISEÑÓ, ES UNA RELACIÓN DE PACTO ENTRE UN HOMBRE Y UNA MUJER PARA TODA LA VIDA.**

no. Un libro próximo a publicarse, escrito por Georgina y yo, lleva por título *God's Master Plan for Christian Marriage* [El plan maestro de Dios para el matrimonio cristiano]. Este presenta con gran detalle el matrimonio como Dios pensó que fuera. A continuación presentamos un bosquejo del mismo

EL PLAN DE DIOS PARA EL MATRIMONIO CRISTIANO

Es asombroso cómo pocas personas, aun aquellas que son cristianos comprometidos, piensan en el matrimonio de la forma que Dios diseñó que fuera. De vez en cuando les preguntamos a los asistentes a nuestro seminario: «¿Cómo va su matrimonio como cristiano?» Por su respuesta es aparente que aunque muchos creyentes consideren el matrimonio importante, solo tienen una vaga idea de todo lo que implica el matrimonio cristiano. En Amós 3:3 se nos dice: «¿Andarán dos juntos, si no estuvieren de acuerdo?» Uno se pregunta en qué están de acuerdo las parejas en el matrimonio. Asusta oír a dos personas cuando prometen estar juntos «en lo bueno y en lo malo, en la riqueza y en la pobreza», sin conocer lo que implica esta relación.

El matrimonio puede ser visto desde siete ángulos: la misión, el fundamento, el cultivo, el resultado, la duración, el compañerismo y las responsabilidades de los cónyuges. Explicaré cada uno de ellos de una manera breve antes de señalar algunos desafíos, y además, a tres de los enemigos de este plan divino para el matrimonio cristiano:

El propósito o la misión del matrimonio previsto por Dios

En un mundo donde todo se vuelve relativo y la felicidad se ha convertido en un fin en sí mismo, es importante reafirmar que el matrimonio fue una idea de Dios desde el principio y que él lo creó para cumplir sus propósitos, los cuales pueden ser resumidos como sigue:

Darle gloria a Dios. No hay nada a lo que se le pueda llamar cristiano que no deba ser dirigido a glorificar a Dios. En realidad, el matrimonio es la institución social a partir de la cual todas las otras estructuras sociales se desarrollan. Es importante apreciar la misión del matrimonio como un medio de honrar a Dios y darle alabanza a su nombre. Esta precisión altera de forma fundamental la actitud de uno. En otras palabras, mi alegría y felicidad son resultados importantes de mi matrimonio, pero no el objetivo supremo del matrimonio cristiano.

Proveer el compañerismo del uno hacia el otro. Uno de los propósitos fundamentales del matrimonio es el compañerismo. Dios creó a Eva porque «no era bueno que el hombre estuviera solo» (Génesis 2:18). El Salmo 68:6 dice: «Dios da un hogar a los desamparados». Muy a menudo se minimiza esta misión del matrimonio bíblico durante el transcurso de muchos matrimonios en detrimento de la relación de pareja. Al parecer algunas veces ocurre debido a buenas razones, como el cuidado de los hijos, la obtención de una profesión o de dinero, e incluso el servicio cristiano. Pero si se descuida el compañerismo y la amistad de la pareja, las consecuencias son siempre graves para la relación, en especial en los años maduros cuando la profesión y los hijos se han marchado. Por lo tanto, con la organización del trabajo moderno y la necesidad a veces inevitable de los cónyuges de trabajar fuera del hogar, las parejas cristianas han de considerar establecer un tiempo para estar juntos y así relacionarse, tener compañerismo y amistad.

Ministrarse el uno al otro. No solo no era bueno que el hombre estuviera solo, sino que necesitaba una ayuda. El matrimonio está pensado para que cada uno de sus componentes satisfaga las necesidades del otro. Cada cónyuge tiene necesidades que Dios supuso que fueran satisfechas en el matrimonio. Mientras algunas de las necesidades pueden ser satisfechas en otras relaciones sociales, las necesidades sociales profundas, las emocionales y las físicas solo pueden ser satisfechas en la relación matrimonial. Los seres humanos se revelan a sí mismos a través de las relaciones sociales, y el matrimonio es la más íntima de todas ellas. En su libro *El edificador matrimonial*, Lawrence. J. Crabb, Jr. enfatiza que el verdadero matrimonio es un medio para afirmar nuestro sentido de significado. En este aspecto, el cónyuge juega el rol de un ministro.

> MIENTRAS ALGUNAS DE LAS NECESIDADES PUEDEN SER SATISFECHAS EN OTRAS RELACIONES SOCIALES, LAS NECESIDADES SOCIALES PROFUNDAS, LAS EMOCIONALES Y LAS FÍSICAS SOLO PUEDEN SER SATISFECHAS EN LA RELACIÓN MATRIMONIAL.

Procrear una descendencia digna. La función de la procreación estaba en el corazón y propósito de Dios al crear el primer hombre y la primera mujer. Él mandó que fuéramos fructíferos, nos multiplicáramos y llenáramos la tierra, algo que hemos hecho muy bien. Pero la misión bíblica de tener hijos va más allá del acto físico de tener bebés. Es un llamado a criar hijos dignos, y es en el matrimonio cristiano donde se crea la atmósfera amorosa y educativa ideal para hacerlo.

Crear la unidad básica para el trabajo y el servicio. Las parejas cristianas tienen que servir a Dios juntas, criar hijos dignos, mantener el hogar y ministrar en la iglesia y en la comunidad. La Biblia dice que «dos son mejor que uno» (Eclesiastés 4:9) y que hay un gran poder disponible cuando dos oran juntos (Mateo 18:19-20). Es fácil pasar por alto el hecho de que cuando la Biblia nos dice que «dos o tres» están orando juntos, tal cosa se aplica por igual a la pareja cristiana. Yo le llamo a esto «el poder de pareja» del matrimonio cristiano. Este poder también tiene que ser aprovechado para impactar a nuestros hijos, nuestra iglesia y nuestra comunidad a través del trabajo y del servicio.

El fundamento del matrimonio: La relación transformada

Este y los próximos dos elementos en el plan maestro de Dios para el matrimonio se derivan de Génesis 2:24-25, lo cual se repite cuatro veces en la Biblia: «Por eso el hombre deja a su padre y a su madre, y se une a su mujer, y los dos se funden en un solo ser. En ese tiempo el hombre y la mujer estaban desnudos, pero ninguno de los dos sentía vergüenza».

El matrimonio bíblico empieza por «dejar» (el fundamento), está sustentado por «unirse» (el proceso) y resulta en una carne (el producto). Dejar implica una transformación radical de la relación pre-matrimonial básica y fuerte, tanto entre el hombre y la mujer y sus respectivos padres como por extensión en todas las otras relaciones. La Biblia no aboga el abandono de los padres y los familiares al casarse (1 Timoteo 5:8). Todo lo

ES IMPORTANTE PARA LOS RECIÉN CASADOS DARSE CUENTA DE QUE EL CAMBIO EN LA RELACIÓN CON SUS PADRES ES POR SU PROPIO INTERÉS.

contrario, espera una transformación radical en la relación padre-hijo, de tal manera que una nueva unidad se forma a través del matrimonio.

Es importante para los recién casados darse cuenta de que el cambio en la relación con sus padres es por su propio interés. La raíz de muchas malas relaciones con los suegros puede a menudo ser rastreada hasta el punto en que tanto los padres como los hijos no fueron capaces de transformar su relación en el momento de establecer el matrimonio para facilitar la unión de la pareja y ser una sola carne. Esta transformación es el fundamento del matrimonio cristiano. En realidad, el matrimonio requiere la transformación de muchas relaciones sociales. Uno no puede casarse y actuar como una persona soltera con respecto al manejo del tiempo, los hábitos de comida y las relaciones con sus amigos y familiares. No obstante, la Biblia dirige la atención a la relación más básica de todas, la de padre e hijo, para señalar la necesidad de los cambios fundamentales que deben tener lugar en el matrimonio.

El proceso del matrimonio: El cultivo de la intimidad

Mientras «dejar» es una decisión que empieza con el matrimonio, «unirse» o cultivar la intimidad es un proceso en el cual la pareja debe trabajar a lo largo del matrimonio. El fusionar las dos vidas en una vida inseparable es algo que requiere que la pareja elija de manera consciente fusionar el uso del tiempo, sus finanzas y sus aspiraciones y objetivos.

Esta es la razón por la que los contratos prenupciales son sospechosos para los cristianos. Fuera del hecho de que el divorcio no debe ser contemplado como una parte de la relación cristiana, Dios espera que sus hijos estén juntos en una unión inseparable. El significado de unirse se entiende mejor en el contexto del resultado del matrimonio bíblico: ser una sola carne.

El resultado del matrimonio bíblico: una sola carne

El objetivo de dejar y unirse es lograr ser «una sola carne», una terminología bíblica que connota la intimidad física y sexual tanto como la unidad en alma y espíritu.

La Biblia es categórica acerca de que un verdadero cristiano, uno que ha aceptado a Jesucristo como Salvador y Señor, debería solo casarse con otro cristiano comprometido (2 Corintios 6:14), y esto por una buena razón. La vida espiritual requiere una lealtad común a Jesucristo. Los dos deben ser habitados por el Espíritu Santo de Dios. La unidad espiritual se nutrirá entonces por medio de la oración y la lectura de la Biblia, la adoración y el servicio juntos. A lo largo del tiempo, estas actividades, reforzadas por el amor incondicional, construyen tanto la madurez como la unidad entre la pareja.

Igual de importante es la unidad en el alma mientras los dos acercan sus voluntades, intelectos, sentimientos y emociones. Esto requiere una comunicación transparente y honesta, pasar tiempo juntos y mostrarse uno al otro respeto y sensibilidad mutuos. El sello de la unidad en el alma es la amistad entre la pareja.

Por último, la intimidad se requiere en el área física, por medio de la cual el marido y la esposa satisfacen cada uno sus necesidades físicas, románticas y sexuales. A las parejas cristianas se les anima a trabajar en su relación sexual y a no defraudarse el uno al otro en temas de sexo (1 Corintios 7:1-5). Debido a que es un área tan crucial para las parejas, todo un libro de la Biblia, el Cantar de los Cantares, está destinado a

> **LA INTIMIDAD SE REQUIERE EN EL ÁREA FÍSICA, POR MEDIO DE LA CUAL EL MARIDO Y LA ESPOSA SATISFACEN CADA UNO SUS NECESIDADES FÍSICAS, ROMÁNTICAS Y SEXUALES.**

exaltar el amor sexual y romántico en la relación matrimonial.

La duración: El matrimonio cristiano es para toda la vida

Podría parecer anacrónico defender el matrimonio para toda la vida en una época en que el divorcio, aun entre cristianos profesantes, es algo tan prevaleciente. La voluntad de Dios y la práctica de los hombres muchas veces están en total discordia. La Biblia no es ambigua acerca de la duración del matrimonio. El matrimonio es para toda la vida. «Por lo tanto lo que Dios juntó que no lo separe el hombre» (Mateo19:6). El hecho de que podamos fallar, estando por debajo de las normas de Dios y necesitando perdón, no altera la realidad de que Dios odia el divorcio (Malaquías 2:14-16). El final del matrimonio cristiano es la tumba: «¡Hasta que la muerte nos separe!».

Relación monógama: El matrimonio es una relación exclusiva

Cada enseñanza directa de las Escrituras sobre el matrimonio implica que el matrimonio cristiano tiene que ser entre un hombre y una mujer. Dios creó al hombre y a la mujer; el hombre debe dejar a su padre y a su madre y unirse a su esposa, no a sus esposas. Lo que Dios unió ningún hombre debe separarlo. La poligamia es tan antigua como la raza humana, como sugiere el ejemplo de Lamec, la quinta generación después de Adán, al hablar de sus esposas (Génesis 4:23). Muchos personajes del Antiguo Testamento tuvieron más de una esposa, en especial los reyes. No obstante, la instrucción de Dios acerca de cómo debía gobernar un rey incluye la instrucción de no tomar muchas mujeres (Deuteronomio 17:17). Aunque haya un millón de errores relacionados con la práctica humana de la poligamia, esto no altera la voluntad divina e

ideal de que el matrimonio, como Dios lo diseñó, es monógamo. Cualquiera que desee casarse de la forma en que Dios lo
reveló en su Palabra deberá comprometerse a la exclusividad
del matrimonio en una relación de alianza monógama.

El matrimonio como Dios lo previó conlleva responsabilidades para los cónyuges

La Biblia provee directrices que deben gobernar la
relación matrimonial. Hay responsabilidades mutuas tanto
para el esposo como para la esposa, implicadas en la misión del matrimonio. Por ejemplo, tanto el hombre como
la mujer deben someterse el uno al otro en la corrección y
la disciplina mutua por reverencia a Cristo (Efesios 5:21);
satisfacer las necesidades sexuales mutuas (1 Corintios
7:3-5); honrarse y respetarse recíprocamente (Efesios5:33;
1 Pedro 3:7); criar hijos de una manera digna (Malaquías
2:15); gobernar la tierra, es decir, cumplir con la responsabilidad de trabajar y servir en la viña de Dios (Génesis
1:28); y ayudarse, apoyarse, favorecerse y ministrarse uno
al otro (Génesis 2:18; Efesios 5:28).

Aparte de estas responsabilidades mutuas del matrimonio, cada cónyuge tiene responsabilidades únicas en su capacidad respectiva como esposo y esposa. La esposa, por ejemplo, debe someterse al liderazgo de su marido (Efesios 5:22);
desarrollar la belleza interior (1 Pedro 3:1-6); demostrar el
amor *philia* (amistad) a su esposo (Tito 2:4); ser una buena
compañera y buscar el bien de su cónyuge todo el tiempo
(Proverbios 31:12); conducirse a sí misma de tal manera que
pueda ganarse la confianza de su esposo (Proverbios 31:11);
y manejar bien su casa (Proverbios 31:13-17).

EL LLAMAMIENTO DE UN ESPOSO DIGNO: EL ARTE DE DIRIGIR A SU ESPOSA

El liderazgo que se requiere de los cristianos no es una posición sino una función. Más adelante señalaremos las funciones bíblicas del esposo, una especie de «Diez Mandamientos del esposo cristiano». Podría parecer extraño el hecho de discutir sobre el liderazgo del esposo a su esposa en la forma de obligaciones que él tiene que llevar a cabo. Después de todo, usted podría decir que el matrimonio es una relación de amor. Sin embargo, el amor no solo es un sentimiento o una serie de emociones, sino un acto de buena voluntad que siempre se demuestra a sí mismo en acciones intencionadas para lograr el bienestar de la persona amada. Jesús dijo: «Si ustedes me aman, obedecerán mis mandamientos» (Juan 14:15).

> **AL ESPOSO BÍBLICO SE LE EXHORTA A INSPIRAR, MOTIVAR Y ANIMAR A SU ESPOSA PARA QUE SE ESFUERCE HACIA LA EXCELENCIA.**

Debido a que los hombres tienden a estar orientados a las tareas, es importante que entiendan el amor en términos de responsabilidades, sin negar el contexto emocional y sentimental. El amor es un arte que tiene que ser aprendido y «los Diez Mandamientos» del amor matrimonial para los hombres forman la base del aprendizaje para amar y dirigir a sus esposas de una manera significativa. Por otra parte, a la vez que se realizan estas funciones, hay una gran probabilidad de que la esposa corresponda de forma recíproca como cónyuge.

La responsabilidad de un esposo es:

1. *Ser un líder servidor como Jesucristo* (Efesios 5:23). Este es un llamamiento a trabajar con su esposa para

articular la misión, la visión, los objetivos y las estrategias de la relación de la pareja, no por medio de edictos, pero sí a través de un carácter y un servicio dignos de confianza (el liderazgo servidor).

2. *Amar a la esposa de manera incondicional* (Efesios 5:25). Al esposo bíblico se le exhorta a buscar el bienestar de su esposa al margen de sus acciones. En mi opinión, esta es una de las responsabilidades más grandes y difíciles del esposo cristiano.

3. *Nutrir a la esposa* (Efesios 5:26-27). La analogía de esto se observa en un jardinero que cuida de una planta hasta que madura y da fruto por medio de la provisión de agua, fertilizantes y otros estímulos necesarios para el crecimiento de la planta. De forma contraria a lo que muchos esposos hacen, que es acusar a sus esposas de no satisfacer ciertas normas siguiendo la tradición de la excusa de Adán a Dios acerca de «la mujer que me diste», al esposo bíblico se le exhorta a inspirar, motivar y animar a su esposa para que se esfuerce hacia la excelencia. Esto puede ser en las áreas de crecimiento social, intelectual y espiritual; o en las tareas difíciles de mantener la casa y criar a los hijos.

4. *Vivir con ella de forma sabia* (1 Pedro 3:7). Los esposos han de buscar de modo decidido conocer y entender a sus esposas, en vez de basarse en las generalizaciones tradicionales de los hombres acerca de las mujeres. Muchos hombres son simplemente ignorantes acerca de sus esposas. Están frustrados, confundidos o enfadados por la conducta de las mujeres; los cambios químicos complejos que tienen lugar en sus cuerpos y que afectan su humor; y sus respuestas

a asuntos que van desde lo espiritual hasta lo sexual. Estas son características que no hacen a la mujer inferior, pero sí diferente. Por lo tanto, los esposos tienen que dedicar un tiempo para conocer a sus esposas, como mujeres y como personas únicas.

5. *Protegerla.* Jesús habló del hombre fuerte que guardaba su casa (Mateo 12:29). En la antigüedad la protección era física. Hoy muchas mujeres están pidiendo a gritos protección, no de un daño físico, sino de la gente poco sensible, las tradiciones que humillan y abusan de las mujeres, los suegros malos, y a veces incluso de los propios hijos cuando crecen. Un esposo sensible construye muros de protección espirituales, emocionales y físicos alrededor de su esposa que le permitan a ella florecer, crecer y ejercitar sus dones dados por Dios.

> COMO LÍDER, EL ESPOSO DEBE CONDUCIRSE A SÍ MISMO DE TAL MANERA QUE LE PROPORCIONE UNA BUENA REPUTACIÓN A SU ESPOSA Y SU FAMILIA.

6. *Satisfacer sus necesidades.* Se ha comprobado que la ayuda en las tareas de la casa es en particular importante y se considera de una alta prioridad en las necesidades emocionales de la mujer en el matrimonio. Otra necesidad que demanda la atención especial del esposo es la necesidad física de la esposa. Esto se debe a que la respuesta sexual de los hombres y las mujeres es diferente, con el resultado final de que las necesidades de muchas mujeres no son satisfechas.

Mi esposa, Georgina, compara a las mujeres con una cocina eléctrica y a los hombres con una cocina a gas. En otras palabras, necesitan diferentes cantidades de tiempo para calentarse. No obstante, los dos tienen que cocinar la «comida del sexo» juntos y de forma simultánea. Muchos hombres no aprecian el punto de vista integral que la mujer tiene hacia el sexo: sus necesidades de un trato cortés, de romance, juego e intimidad general para que ellas también puedan disfrutar del acto sexual. Es la responsabilidad del esposo cristiano satisfacer estas necesidades sexuales de su esposa.

7. *Someterse a su esposa en reverencia a Cristo*. Efesios 5:21 les pide a las parejas cristianas someterse el uno al otro en señal de reverencia a Cristo. Este es un mandamiento muchas veces desatendido por los esposos, que preferirían saltar por encima del versículo 21 hasta el versículo 22, donde se exhorta a las esposas a someterse al liderazgo del esposo. Creo que la esencia de la sumisión en Efesios 5:21 para el esposo implica escuchar los puntos de vista de la esposa y tenerlos en cuenta en todas las decisiones que afecten al matrimonio y a la familia. También implica aceptar su corrección en materias como la conducta incorrecta, la indiscreción y el pecado; y por encima de todo confiar en ella como cónyuge.

8. *Darle a ella una razón para que esté orgullosa de él*. En casi toda sociedad el nombre y la imagen del esposo se convierten en la identidad de la esposa y de la familia, aun donde la adopción del apellido del esposo en el matrimonio no sea la norma. Como líder, el esposo debe conducirse a sí mismo de tal manera que le proporcione una buena reputación a su esposa y su familia.

Muchas veces me he preguntado por qué Georgina, cuando me duermo, se sienta en la noche a esperar que salgan las noticias en la televisión cuando piensa que seré mencionado en el programa, en especial si he asistido a un acto con ella. Pienso que está preocupada de cómo las noticias se refieren a su esposo; para ella «vale más la buena fama que las muchas riquezas, y más que oro y plata, la buena reputación» (Proverbios 22:1).

9. *Presentarla ante Dios*. El esposo tiene la función sacerdotal en el hogar cristiano. Esto requiere animar a la familia y tener devocionales personales. Además, debe presentar a su familia delante de Dios por medio de oraciones intercesoras. Como Job, el esposo se asegura de que ellos sean santos delante del Señor (Job 1:5). Aquí es donde Adán dejó caer la pelota. En el Edén, en vez de ceder ante Eva con relación al pecado, Adán debería haber permanecido firme y proteger espiritualmente a su esposa. Por eso Job se nos presenta como un modelo de esposo bíblico. En vez de seguir el consejo de su esposa que le sugirió: «Maldice a Dios y muérete», él la reprendió diciéndole: «Mujer, hablas como una necia. Si de Dios sabemos recibir lo bueno, ¿no sabremos también recibir lo malo?» (Job 2:10). Y el matrimonio vivió para ver días mejores. Los maridos cristianos tienen que presentar a sus esposas delante del Señor como Aarón presentaba el efod ante Dios. En lugar de esto, tal vez las esposas hoy son las que construyen los muros espirituales alrededor de la familia al abandonar sus esposos su responsabilidad sacerdotal.

10. *Alabarla*. Cada esposa merece escuchar las palabras inmortales de su esposo a la mujer ejemplar:

«Muchas mujeres han realizado proezas, pero tú las superas a todas» (Proverbios 31:29). Ellas deberían escuchar esto en privado y delante de sus hijos, suegros y amigos. Todas las mujeres tienen necesidad de un reconocimiento de su belleza y servicio. Y estos no son solo halagos, porque el valor de la esposa es mucho mayor que el de las perlas. Creo que la extraordinaria inteligencia, la diligencia, la sabiduría, el trabajo duro y la sensibilidad social de la mujer ejemplar de Proverbios 31 eran en parte tan evidentes debido a que su esposo y su familia la alababan por su valor incomparable, belleza y santidad. A ella se le anima a alcanzar la excelencia. Por otra parte, ellos le dan la recompensa que merece, no solo en el hogar, sino dejando que «sean reconocidos sus logros, y públicamente alabadas sus obras» (Proverbios 31:31).

Estoy convencido por completo de que si los esposos cristianos emprendieran las funciones anteriores, crearían una atmósfera única en la cual dirigirían la relación matrimonial estableciendo la visión, comprometiéndose a la misión del matrimonio, confrontando los problemas inevitables y criando a sus hijos para que sean futuros líderes. Si esto no es dirigir a la propia esposa, entonces yo no conozco otra manera mejor.

LOS PUNTOS CONFLITIVOS DEL MATRIMONIO Y SUS ENEMIGOS

Una de las funciones del líder es tomar las decisiones difíciles y solventar los grandes problemas. Esto no significa que por ello el líder tenga que conocerlo todo. En realidad, en el mundo de los negocios muy a menudo el director ejecutivo puede no tener ni idea de las soluciones técnicas de la mayoría de los problemas. Pero aun así le corresponde la responsabilidad de encontrar a aquellos que puedan ayudar a resolver esta dificultad. Los buenos líderes trabajan con su equipo y fomentan las decisiones del grupo. No obstante, la responsabilidad le concierne al líder. Un buen líder, por lo tanto, debe anticipar los problemas, buscar las soluciones y tomar las decisiones oportunas.

> **LOS BUENOS LÍDERES TRABAJAN CON SU EQUIPO Y FOMENTAN LAS DECISIONES DEL GRUPO. NO OBSTANTE, LA RESPONSABILIDAD LE CONCIERNE AL LÍDER. UN BUEN LÍDER, POR LO TANTO, DEBE ANTICIPAR LOS PROBLEMAS, BUSCAR LAS SOLUCIONES Y TOMAR LAS DECISIONES OPORTUNAS.**

Aunque predecir todos los problemas en las relaciones humanas es imposible, en el matrimonio hay cinco áreas que generan la mayoría de los conflictos matrimoniales. Mi esposa y yo les llamamos los puntos críticos matrimoniales. Ellos son la comunicación, el sexo, el dinero, los hijos y los suegros. Ni siquiera intentaré explicar en detalle estos puntos críticos matrimoniales, porque cada uno de ellos requeriría un capítulo o un libro en sí mismos. Afortunadamente, hay muy buenos libros cristianos en el mercado, incluyendo tres que hemos escrito sobre la comunicación, la paternidad y las finanzas personales (véase la lista de referencia). Será suficiente con decir que es responsabilidad del liderazgo del esposo el asegurarle a su esposa que estos puntos críticos matrimoniales serán anticipados y manejados bien.

Además de proveer el liderazgo para manejar estos problemas matrimoniales, el liderazgo masculino efectivo requiere confrontar a tres enemigos del matrimonio cristiano, a saber, el yo, la tradición y Satanás.

En su papel de liderazgo, el esposo debe resistirse a ser egocéntrico y egoísta, así como a la tendencia a recurrir a las prácticas culturales y las normas de la sociedad en vez de a la Palabra de Dios. Tampoco debemos permitir que Satanás socave el matrimonio como una relación centrada en Cristo y que honre a Dios.

¿HOMBRES REALES O ENDEBLES?

Cuando se exhorta a los hombres a proveer un liderazgo servidor igual al de Cristo hacia sus esposas, algunos llegan a pensar que su cónyuge se aprovechará de ellos. Esto es verdad en particular en las sociedades tradicionales, como las que uno encuentra en los países en vías de desarrollo. En otras palabras, hay un temor genuino de que este cambio en la figura tradicional y dominante del esposo-padre pueda socavar la autoridad masculina, el respeto y el liderazgo en general del esposo.

Estoy de acuerdo en que algunas mujeres puedan aprovecharse de sus esposos en detrimento de ambos. Después de todo, vivimos en un mundo caído, enfermo por el pecado, y aunque seamos salvos por gracia seguimos luchando con nuestra vieja naturaleza. Sin embargo, la buena noticia es que los caminos de Dios son para nuestro bien y perfectos, y el liderazgo servidor es una propuesta con la que tanto el esposo como la esposa ganan. Tengo cinco razones para confiar en que es así:

Primero, es parte de la constitución de la mujer responder al liderazgo servidor amoroso y efectivo con sumisión y amor.

> **ES PARTE DE LA CONSTITUCIÓN DE LA MUJER RESPONDER AL LIDERAZGO SERVIDOR AMOROSO Y EFECTIVO CON SUMISIÓN Y AMOR.**

Segundo, sus necesidades reales de afecto, conversación, confianza, comodidad, cariño, compromiso familiar y admiración exigen un liderazgo masculino.

Tercero, la realización del rol del liderazgo masculino ayudará a las mujeres a cumplir sus propios roles como esposas y madres.

Cuarto, parece que el amor y el servicio surgen de modo más natural en las mujeres que en los hombres. Por eso, el papel bíblico de los hombres le hace frente en parte a esta debilidad masculina.

Quinto, a las mujeres, y por supuesto también a los hombres, les gusta ser guiados por líderes servidores.

Es el privilegio del esposo cristiano amar y nutrir a su esposa, y al hacer esto proveer un fundamento sólido para la crianza de los hijos. A continuación nos referiremos al papel crucial que los padres desempeñan en la vida de sus hijos.

PREGUNTAS:

1. ¿Por qué es importante que el hombre sea líder de su esposa? ¿Qué se requiere en este papel?

2. ¿Qué forma debe tomar este liderazgo?

3. ¿Cuáles son algunos de los propósitos del matrimonio cristiano?

4. ¿Por qué es importante que una pareja casada tenga la relación adecuada con sus respectivos suegros?

CAPÍTULO 9

CÓMO DIRIGIR A LOS HIJOS

S i la *cooperación* es la palabra más cercana para que la sociedad describa el arte de dirigir a nuestra esposa, la tarea de mentor subyace en el corazón de la dirección de nuestros hijos. Ser padre es quizá el más desafiante de todos los trabajos que un hombre cristiano puede enfrentar... y tal vez el más placentero. Esto es así debido a que implica la educación de almas eternas y un impacto en las generaciones por nacer. Hablaré sobre la paternidad desde el punto de vista del padre, pero siendo a la vez una responsabilidad compartida entre los esposos, muchos de los contenidos se aplican también a la madre.[1]

LA PATERNIDAD: UN NOBLE LLAMADO

De todos los nombres y atributos de Dios, ninguno es tan reconfortante y significativo para las personas, en especial para los cristianos, como el de Padre. Con este título se sintetizan todas las promesas de Dios y sus atributos de amor, providencia y cuidado. Además, en el amor de Dios vemos la redención que Jesucristo proveyó por medio del derramamiento de su sangre y la reconciliación consecuente entre el hombre

pecador y el Dios Santo. A través del acto de la redención de
Jesús, Dios nos ha dado el más alto estatus en el cielo: el de
ser sus hijos.

Es en este contexto de la paternidad de Dios que nosotros somos llamados a ser padres. Al respecto, existen ciertos
roles y responsabilidades paternas esenciales que están escritos en la Biblia.

En el capítulo precedente hemos visto que los esposos
tienen la obligación de proporcionarles a sus esposas «un
buen nombre». Esto se aplica aun más a su papel como padres. Un nombre es uno de los legados más importantes que
alguien pudiera dejar a sus hijos. Ser «el hijo de…» es el legado número uno de un padre para sus descendientes. «Vale
más la buena fama que las muchas riquezas, y más que oro y
plata, la buena reputación» (Proverbios 22:1).

Una y otra vez, 1 Timoteo 3:1-7, que habla sobre el obispo o el anciano, se ha aplicado muy de cerca a los líderes en la
iglesia como institución, descuidando a la iglesia en el hogar.
Aunque esto fuera así, en su contexto más amplio el retrato
de Pablo de un anciano representa el paralelo masculino de la
mujer ejemplar de Proverbios 31:10-31. Es una descripción
del esposo y del padre como Dios manda, que deja el legado
de un buen nombre como modelo para sus hijos.

Otra rol clave de la paternidad es la provisión de protección para sus hijos. Jesús, hablando de la negativa de Jerusalén
a abrazar su amor y salvación, dijo: «¡Jerusalén, Jerusalén…
¡Cuántas veces quise reunir a tus hijos, como reúne la gallina
a sus pollitos debajo de sus alas, pero no quisiste!» (Mateo
23:37). Este cuadro viene muy a menudo a mi mente cuando
reúno a mis hijos por la noche. Como alguien que se crió en
el campo, donde las aves de corral acampan libremente, vi a
menudo que las gallinas recogían a sus polluelos bajo sus alas
con la velocidad de un relámpago debido a que habían visto
a un halcón apuntando hacia sus retoños. Ya que la gallina

pesaba más, el halcón no podía levantarla, y por lo tanto sus polluelos estaban protegidos.

Jesús describió al padre como un hombre fuerte que, protegiendo su hogar, lo guarda contra los ladrones (Lucas 11:21). En la actualidad es probable que la protección sea más ética, moral y espiritual que física, aunque uno no debiera subestimar el peligro al que los hijos pueden estar expuestos debido a los bravucones de la escuela, los depredadores y los traficantes de drogas.

Una tercera función bíblica para el padre, y en general para los dos progenitores, es suplir las necesidades materiales de sus hijos. La Biblia dice que esta es la responsabilidad de los padres, proveer para las necesidades de sus hijos, y no viceversa (2 Corintios 12:14). El escritor de Proverbios añade que «el hombre de bien deja herencia a sus nietos» (Proverbios 13:22).

La necesidad de instruir al hijo en la formación e instrucción del Señor (Efesios 6:4) es la responsabilidad central de un hombre santo. El Señor le expresó con claridad a Abraham, y a cada padre, el propósito de su llamado como sigue:

Yo lo he elegido para que instruya a sus hijos y a su familia, a fin de que se mantengan en el camino del Señor y pongan en práctica lo que es justo y recto. Así el Señor cumplirá lo que le ha prometido (Génesis 18:19).

En Deuteronomio 6:4-9 se les exhorta a los padres a amar al Señor por completo y a pasar esta práctica a los hijos. Lo deben hacer instruyéndoles y enseñándoles a distinguir entre el bien y el mal. La educación de los niños va más allá de la instrucción verbal. Los padres debieran ser buenos modelos y animar y disciplinar a sus hijos para que logren lo mismo. Por lo tanto, la instrucción de los hijos constituye la cuarta responsabilidad de los padres.

Aun cuando uno pueda incorporarla dentro de la instrucción, la disciplina es tan importante que quisiera mencionarla como una responsabilidad separada del padre. Una de las mayores contribuciones del doctor James Dobson, el fundador de «Enfoque a la familia», es sobre este tema de la disciplina, empezando con su importante libro, *Atrévete a disciplinar*, y otros muchos que le han seguido. El equilibrio entre el amor y la disciplina es la marca de un padre efectivo.

> **LA EDUCACIÓN DE LOS NIÑOS VA MÁS ALLÁ DE LA INSTRUCCIÓN VERBAL. LOS PADRES DEBIERAN SER BUENOS MODELOS Y ANIMAR Y DISCIPLINAR A SUS HIJOS PARA QUE LOGREN LO MISMO.**

Vale la pena reiterar que el padre tiene la responsabilidad de orar y presentar a su familia como hizo Job delante de Dios (Job 1:5). Al combatir por el alma de los miembros de nuestra familia, debemos ser conscientes de que no estamos luchando contra carne ni sangre, sino contra huestes celestiales de maldad (Efesios 6:12). «Manténganse alerta y perseveren en oración por todos los santos» (Efesios 6:18). Existe además otra razón de por qué debemos orar por nuestros hijos. Ellos nos han sido confiados por Dios, y por lo tanto, debemos dar cuentas de lo que hacemos con ellos a aquel que nos los entregó. Llevándolos ante Dios, reconocemos que solo somos sus custodios.

Por último, les debemos a nuestros hijos un amor incondicional. Una de las cosas que distinguía a Jesús de los otros es que él no tenía dudas del amor de su Padre. Dios Padre lo dejó bien establecido en un momento apropiado. Él afirmó: «Éste es mi Hijo amado; estoy muy complacido con él» (Mateo 3:17). En la parábola del hijo pródigo, Jesús demostró el amor incondicional de un padre que esperaba con afecto recibir a su hijo de vuelta a casa, incluso después de que el hijo gastara toda su herencia (Lucas 15:11-32).

Las responsabilidades anteriores de los progenitores, y en específico de los padres —(i) darles a sus hijos un buen nombre; (ii) protegerlos; (iii) proveer para sus necesidades físicas; (iv) instruirlos y enseñarles; (v) disciplinarlos; (vi) orar por ellos; y (vii) amarlos de manera incondicional— deberían crear las bases para la dirección de nuestros hijos en medio de los desafíos del entorno actual cada vez mas perverso, criando a los Josés y Danieles de nuestros días.

CÓMO CRIAR HIJOS BUENOS EN UN MUNDO MALO

Los padres deben ser conscientes de sus responsabilidades divinas hacia sus hijos. También deben tener en cuenta el contexto en el cual ejercitan su paternidad, es decir, el mundo en el cual vivimos. Este mundo no es nada amigable cuando se trata de la educación de hijos piadosos. Una hora frente a la pantalla del televisor o un vistazo a un periódico típico es suficiente para alarmarse. Vivimos en un mundo que se está deslizando pendiente abajo, tanto moral como socialmente:

- Dios es borrado de nuestro lenguaje en nuestras escuelas y centros de trabajo. Estamos experimentando de manera consciente la pérdida de Dios.

- Se nos lleva a creer que el hombre vive solo para la comida, y lo espiritual es ridiculizado como un cuento de hadas. El materialismo abunda.

- La moralidad relativa y situacional, donde no existen los absolutos, es la norma en vez de la excepción.

LOS PADRES CRISTIANOS NO TIENEN QUE TIRAR LA TOALLA, CULPAR A LA GENERACIÓN ACTUAL O PENSAR QUE PARA NUESTROS PADRES ERA MÁS FÁCIL. CADA GENERACIÓN ES RESPONSABLE DE CRIAR LOS DANIELES DE LA PRÓXIMA GENERACIÓN.

- La globalización de la inmoralidad está al orden del día, gracias a las redes de televisión global por cable.

- Existe un fácil acceso a la pornografía a través de la Internet. Muchas personas, en especial los hombres, han caído presas de esta forma de «diversión».

- La ruptura de la familia y los valores se ve por todas partes.

- La violencia en la forma de libros, música y películas demoníacas insensibiliza a la gente joven ante los efectos de la exposición directa a Satanás y a sus demonios.

- Los barrios seguros se están reduciendo, con el incremento del alcohol y el abuso de las drogas.

- Estamos en la época de la tiranía del «experto», donde un trabajador social malo, educado durante tres años, posiblemente sea más reconocido como autoridad sobre su hijo que las personas que siguen principios santos y comprobados con el tiempo para criar a los hijos.

A pesar de ello, los padres cristianos no tienen que tirar la toalla, culpar a la generación actual o pensar que para nuestros padres era más fácil. Cada generación es responsable de criar los Danieles de la próxima generación.

Las noticias alentadoras son que criar hijos buenos en este mundo malo es posible. Dadas las actitudes, el conocimiento y las habilidades adecuadas, podemos dirigir a nuestras familias por el camino correcto con la ayuda de Dios. Hay más herramientas y recursos para ser padres hoy que nunca antes. Seguir la Biblia, la inalterable norma de Dios para la vida, es algo que todavía depende solo de nosotros. Tenemos los recursos de expertos dignos y otros especialistas disponibles para nosotros. Las iglesias a menudo proveen seminarios o grupos pequeños que se enfocan en la paternidad. Pero más que todo esto, Dios es nuestro ayudador. Recuerda que «Jesucristo es el mismo ayer y hoy y por los siglos» (Hebreos 13:8).

PREPARÁNDOSE PARA LA TAREA DE DIRIGIR A SUS HIJOS

Como hemos visto antes, los padres efectivos han de recordar varios elementos importantes cuando crían a sus hijos: El padre debe ser un modelo, mentor y ministro para sus hijos. Más aun, lo mejor que un hombre puede hacer por sus hijos es amar a su madre. El hogar debe ser un lugar donde Cristo sea adorado como Señor, el amor genuino prevalezca, la familia trabaje junta y aprenda las relaciones sociales, y la autoridad digna sea respetada.

Los siguientes temas se añaden al arte de criar hijos dignos.

Adoptar una actitud positiva hacia la paternidad. Nada ilustra mejor la actitud correcta como la historia de Gordon McDonald en su libro *The Effective Father* [El padre eficaz].

Él nos presenta la historia de dos albañiles que estaban trabajando en la edificación de una iglesia. Uno se describió a sí mismo como un «constructor de una gran catedral», mientras el otro se veía como un albañil mal pagado. Ambos hacían el mismo trabajo, pero sus respectivas actitudes, en palabras y obras, eran dos mundos aparte, y presumo que también lo era su satisfacción personal.

> AL GUIAR A SUS HIJOS DE MANERA EFICAZ, UN PADRE DEBE TENER UNA ACTITUD POSITIVA Y SENTIR UNA GRAN ADMIRACIÓN POR LA LABOR DE CRIAR A LOS HIJOS.

Al guiar a sus hijos de manera eficaz, un padre debe tener una actitud positiva y sentir una gran admiración por la labor de criar a los hijos. El hijo no debe tener un segundo o tercer lugar en la vida de sus padres, después de la vocación, las responsabilidades de la iglesia o el entretenimiento. Los hijos son la herencia de Dios. Se podría decir que la paternidad digna podría ser comparada a la construcción de una gran catedral en la cual Cristo es honrado y adorado. Pablo lo resume de esta manera: «A este Cristo proclamamos, aconsejando y enseñando con toda sabiduría a todos los seres humanos, para presentarlos a todos perfectos en él» (Colosenses 1:28). Nuestro objetivo, entonces, es educar a nuestros hijos hacia «la madurez en Cristo».

Establecer objetivos correctos como líder de sus hijos. Muy a menudo los padres aspiran en secreto a que sus hijos sean doctores, ingenieros o cualquier otro profesional. De forma habitual esto refleja su propia profesión, sus aspiraciones no satisfechas o aquello que perciben como una carrera sumamente remunerada. Por ejemplo, como hijo yo quería ser ingeniero, pero terminé como economista. La tentación es tratar de que mis hijos sean ingenieros.

Pienso que, como padres cristianos, nuestro objetivo principal debe ser criar cristianos maduros que cumplan su destino dado por Dios. Cuando nuestra hija Priscila, una estudiante de ciencias con notas excelentes, decidió ser maestra en vez de doctora o dentista como yo hubiera preferido, continué deleitándome con el hecho de que ella escogiera usar sus dones para educar vidas jóvenes. Aquí, como en todas las áreas de nuestra vida, Jesús es nuestro modelo. En Lucas 2:52 leemos: «Jesús siguió creciendo en sabiduría y estatura, y cada vez más gozaba del favor de Dios y de toda la gente». Pienso que la visión y el objetivo de los padres cristianos debería ser que sus hijos alcanzaran un crecimiento físico, intelectual, espiritual y social, y llegaran a ser herramientas útiles en las manos de Dios.

Adquirir conocimientos básicos y habilidades de cómo ser padre. Pocas personas empiezan la paternidad como expertos. En cuanto a esto, no hay ninguna virtud en la ignorancia o en una seguridad ciega en las tradiciones y las costumbres. La Biblia dice: «Por falta de conocimiento mi pueblo ha sido destruido» (Oseas 4:6). Los padres cristianos deben estar al corriente de las ricas enseñanzas de las Escrituras sobre la paternidad, en especial de las que se hallan en el libro de Proverbios. También hay libros excelentes sobre la paternidad escritos por hombres y mujeres temerosos de Dios. En nuestra propia familia, Georgina y yo hemos dado una y otra vez gracias a Dios por los escritos de personas virtuosas, como los libros La familia cristiana de Larry Cristensen, Atrévete a disciplinar de James Dobson y Pásame otro ladrillo de Chuck Swindoll.

EL PADRE DEBE LLEVAR A CABO DOS COSAS EN SU LIDERAZGO. PRIMERO, DEBE FORMAR UN EQUIPO CON SU ESPOSA PARA EDUCAR A SUS HIJOS COMO DIOS QUIERE. TAL COSA SIGNIFICA TENER UNA COOPERACIÓN MUTUA. LO SEGUNDO, DÉJEME REPETIRLO, ES QUE EN GRAN MEDIDA EL REGALO MÁS IMPORTANTE QUE CUALQUIER PADRE PUEDA DARLE A SU HIJO ES AMAR A SU MADRE.

Para nuestra familia, obras como *Leading Little Ones to God* [Llevando a los pequeños a Dios] de M. M. Schoolland y P. Stoud, y los diferentes escritos del Dr. Keneth Taylor, como La Biblia en cuadros para niños, así como las publicaciones de la Unión Bíblica, han sido enviados por Dios. Al ir creciendo nuestros hijos, les hemos presentado el libro En pos de lo supremo de Oswald Chambers. Y los escritos igualmente excepcionales de E. Stanley Jones en Vida Abundante. Ambos fueron escritos en la primera mitad del siglo veinte, y aún son tan contemporáneos como las publicaciones actuales. También usamos los libros Ladybird para enseñar a leer. Nos hemos dado cuenta de que cuando teníamos una necesidad, o descubríamos nuestra ignorancia, la ayuda andaba alrededor nuestro.

Dios es nuestro aliado en la tarea de educar hijos buenos en un mundo malo. Sin embargo, él no nos pide que aquí en la tierra eduquemos a nuestros hijos como en una isla al estilo de Robinson Crusoe. Dios le ha dado a los seres humanos recursos institucionales y materiales para que los usemos. Cuando hablo de orar e interceder por nuestros hijos y de actuar según la Palabra de Dios, tengo en mente el beneficio de los recursos espirituales de Dios para mí.

En este aspecto, he visto que mi esposa es el recurso mayor de Dios para mí al dirigir a mi familia. Una esposa santa es de veras una buena compañera. Dirigir a los hijos no es nada insignificante cuando eres un padre solo. Aunque la muerte de un cónyuge conduce tanto ahora como antes a la paternidad en solitario, el aumento de los embarazos antes del matrimonio, el divorcio y el fenómeno resultante de tantos padres solteros no estaban previstos en las Escrituras, donde se animaba a la iglesia a tener cuidado de las viudas y los huérfanos. Los padres solteros requieren ánimo y ayuda, pero una familia con los dos padres es la norma en las Escrituras. El padre debe llevar a cabo dos cosas en su liderazgo. Primero, debe formar un equipo con su esposa para educar a sus hijos como Dios quiere. Tal cosa significa tener una cooperación mutua. Lo segundo, déjeme repetirlo, es que en gran medida el regalo más importante que cualquier padre pueda darle a su hijo es amar a su madre. De otra forma, no hay nada que el padre pueda hacer para compensar el daño psicológico causado a sus hijos. «Dirigir a su esposa» es por lo tanto un requisito previo para el liderazgo efectivo de los hijos.

Me encanta ser padre, pero también he visto que es la experiencia más desafiante y, a la vez, la que te hace más humilde. Uno no puede predecir lo que tiene delante. Georgina y yo no estábamos preparados para lo que nos esperaba cuando nos casamos. Tuvimos la alegría de ver a nuestro primogénito, Stephen, graduarse a los veintitrés años con dos carreras. Una licenciatura en ciencias (ingeniero civil) y otra en administración (comercio). Su fotografía adorna nuestra habitación familiar como el primero de muchos retratos de graduaciones. Pocas semanas después de su graduación fue atacado por una enfermedad muy seria, con la que aún está luchando después de tres años. En todo ello, el factor inalterable fue el amor de Dios en Jesús. Ahora apreciamos a los padres que tienen que vivir con hijos con desafíos mentales o físicos.

SER PADRE INVOLUCRA PREPARAR A LOS HIJOS

Como padres, tenemos la responsabilidad de llevar a nuestros hijos hacia la madurez con las habilidades necesarias para tener éxito, y lo hacemos de varias maneras:

Déle a su hijo una visión. En la crianza de los hijos, como en el crecimiento de otros líderes, un factor principal en el éxito es darle al hijo una visión. No es suficiente con que tengamos nuestros propios objetivos, aunque sean muy válidos. Lo más importante es dar o más bien animar y guiar al hijo para que tenga una visión. Una de las razones de que muchos padres pasen un tiempo difícil con sus hijos adolescentes es la falta de visión en su temprana edad.

UNA DE LAS MAYORES INJUSTICIAS QUE PODEMOS COMETER CON NUESTROS HIJOS ES FORZAR EN ELLOS UNA VISIÓN CONTRARIA A SU TENDENCIA.

Nuestra hija Euníce es una de esas hijas excepcionales que alrededor de los cuatro años ya sabía lo que quería ser: una doctora. Ser padre de nuestros cuatro hijos fue una delicia, pero ser padre de Euníce casi no requirió esfuerzo alguno. Ella siempre estaba enfocada, organizada y determinada. A la edad de diecisiete años se preinscribió en diecisiete universidades y en todos los casos su elección fue medicina, medicina y medicina. Sus padres, que no estaban tan enfocados, trataron de animarla para que ampliara su selección, pero ella estaba decidida. Nuestra hija ilustra lo que puede pasar cuando un hijo tiene una visión. (Más tarde nos dimos cuenta de que todos los médicos de la familia que Euníce había conocido eran mujeres. Ella se había hecho la idea de que ser médico era un trabajo de mujer. Un día, su hermana menor y ella estallaron en risas cuando su hermano mayor sugirió que él podría ser un doctor. Las chicas se sorprendieron de que un hombre pudiera pensar en estudiar medicina.)

Sin embargo, darle a un hijo una visión no es tan fácil como parece. Esto se debe a que los padres a veces buscamos vivir nuestras propias aspiraciones insatisfechas a través de nuestros hijos. Una vez un adolescente me confió: «Todo lo que yo quiero estudiar es francés, pero mis padres insisten en que estudie medicina. Lo haré a condición de que sea en francés». Una de las mayores injusticias que podemos cometer con nuestros hijos es forzar en ellos una visión contraria a su tendencia. Debemos desafiar a nuestros hijos a explorar sus intereses, pero no tratando de imponer nuestra visión en ellos, en especial en la elección de sus estudios. ¿Cómo podemos hacerlo?

- Anímelos a ser integrales, es decir, a no enfocarse solo en lo académico o en lo profesional, sino en la madurez cristiana. Permítales tener una visión como siervos del Señor con las otras cosas —profesión, salario, matrimonio, etc.— estando subordinadas a esto.

- Aliénteles a que sean capaces de dirigir y manejar sus vidas. El objetivo de ser padres debería ser ayudar a preparar adultos maduros que llegarán a ser al fin independientes de sus padres.

- Prepárelos para aprender cómo establecer objetivos espirituales, intelectuales, sociales, financieros y de otra índole, y para que se esfuercen en alcanzar la excelencia.

- Inculque en ellos las disciplinas y los hábitos de la gente santa.

Desarrolle en su hijo una imagen de sí mismo positiva. Tanto en la escuela, en el mercado laboral, como en el mundo real, un hijo se encontrará con facilidad con discriminaciones sexuales, raciales y de otros tipos. Como resultado, a veces uno se cruza con el hijo más inteligente y apuesto, el cual según todos los estándares es un triunfador, y debido a una palabra cruel de su profesor o colega, o producto de un incidente desafortunado, se siente no querido, inútil y poco atractivo. Esta persona es empujada a tener una baja autoestima. Aunque hay una línea muy fina entre el orgullo y una imagen positiva de uno mismo, esta línea debería ser trazada, desarrollándose así una imagen positiva en su hijo. ¡Cuán crucial es esta responsabilidad de los padres! Su aliento y amor pueden contrarrestar los mensajes negativos que su hijo puede escuchar fuera del hogar.

SUS HIJOS DEBEN APRENDER LOS PRINCIPIOS GENERALES DE LA COMUNICACIÓN EFICAZ.

Sin embargo, la base de una imagen positiva de nosotros mismos como cristianos no debería ser nuestra raza, estatus social, riqueza o educación, sino el hecho de que somos valorados intrínsicamente debido a que Dios nos hizo a su imagen y envió a Jesús a morir por nosotros. La Biblia dice: «Si alguien ha de gloriarse, que se gloríe de conocerme y de comprender que yo soy el Señor» (Jeremías 9:24).

Mantenga una comunicación efectiva. Una de las maneras más efectivas de hacer sentir a su hijo importante es a través de su comunicación con él o ella. En la raíz de muchos de los problemas entre los padres y los hijos se encuentra una comunicación ineficaz. Esta es un área en la que muchos padres se han desanimado en alguna ocasión.

La comunicación eficaz con sus hijos exige que los padres hagan algunos ajustes en su agenda para pasar tiempo con ellos, escucharlos de modo activo y establecer un ejemplo en la comunicación positiva que los edifique (véase Efesios 4:29). Esto incluye el buscar entender su mundo —las emociones, los desengaños, las presiones— sin pasar con rapidez a emitir juicios.

Sus hijos deben aprender los principios generales de la comunicación eficaz: la apreciación, el manejo de las emociones, el escuchar de manera efectiva, la resolución de conflictos, la demostración de amor total y el uso de la comunicación tanto verbal como no verbal.

Haga que su hijo se sienta amado de manera incondicional. Por desdicha, muchos padres piensan que todo lo que necesitan hacer por sus hijos es pagar los honorarios de la escuela, proveer para las necesidades físicas y en ocasiones comprarles un helado. En nuestro libro titulado *How to Raise Good Kids In a Bad World* [Cómo criar hijos buenos en un mundo malo] enumeramos ocho maneras para mostrarles a los hijos un amor incondicional:

- Los padres deben experimentar ellos mismos el amor incondicional de Cristo y expresar su gratitud por esto.

- Los hijos deberán aprender del amor de Cristo a partir de la experiencia de sus padres. Esto es contagioso.

- Ejerza el derecho de la autoridad de ser padre. Los hijos requieren un sentido de autoridad y el establecimiento de límites para sentirse seguros y amados.

- Comparta tiempo y actividades con ellos desde el punto de vista de sus hijos. Ellos quieren verle en las gradas cuando participan en una competencia, ir a las reuniones de la asociación de padres y maestros, sacrificarse de vez en cuando para responder a sus peticiones.

- Ofrézcales afirmación y afecto, y acaríquelos.

- Seleccione regalos apropiados, en especial aquellos que muestren que usted entiende su edad, pero sin irse a los extremos.

- Anticipe sus necesidades y satisfágalas antes de que ellos se lo pidan.

- Esté disponible para sus ocasiones especiales siempre que sea posible y no solo condicionándolas a nuestra comodidad.

El amor incondicional no es una filosofía para los hijos. Este debe ser experimentado. En el fondo, ellos deben conocer que son aceptados de manera incondicional, aun cuando tengan que ser disciplinados.

Háblele acerca de la disciplina. El predicador dice: «Disciplina a tu hijo, y te traerá tranquilidad; te dará muchas satisfacciones» (Proverbios 29:17). En realidad, no disciplinar a su hijo es equivalente a ser un cómplice de su muerte (Proverbios 19:18). Aunque sea la responsabilidad de los padres disciplinar a sus hijos, la disciplina siempre ha de ser llevada a cabo desde el punto de vista del hijo. Aquellos que no han leído los libros del doctor James Dobson sobre la disciplina de los hijos deberían leerlos ahora. En ellos aprendemos que la disciplina debe ser dirigida a una meta y para el bien del chico; empezar pronto en sus vidas; equilibrarse con el amor; y ser percibida por el hijo como justa, aceptable, razonable y apropiada en relación con la ofensa. Las parejas deben hablar entre ellos de los estilos de disciplina a aplicar, y asegurarse de que no envían señales contradictorias a sus hijos.

Instruya a su hijo. Un versículo de la Biblia que parece resumir todo con respecto a la dirección de nuestros hijos es Proverbios 22:6: «Instruye al niño en el camino correcto, y aun en su vejez no lo abandonará». Los padres han de instruir a sus hijos en los caminos del Señor, desarrollando sus mentes, edificando su capacidad de tomar decisiones, instruyéndoles acerca de cómo cultivar las amistades y manejar el dinero, y enseñándoles en general cómo vivir. Esta no es la labor de la escuela. Es importante instruirlos de acuerdo a su edad, posición en la familia y temperamento. La instrucción debe ser consecuente y estar apoyada por la oración y la disciplina. Aconsejamos a los padres que instruyan a sus hijos anticipándose a la etapa siguiente de la vida. Por ejemplo, el tiempo para preparar a su hijo para los años de la adolescencia es durante los años de la preadolescencia.

La instrucción debe ser respaldada por el ejemplo. Los padres deben hacer lo que dicen. Si los hijos tienen que leer la Biblia, deben ver también a papá hacerlo; si no deben maldecir, papá tampoco; si tienen que decir la verdad y ser honestos, los padres no deben hacer trampas en los impuestos.

Anime la formación de hábitos. Este es el último factor, pero no el menos importante. Permítame compartir con usted un principio muy cercano a mi corazón: la formación de hábitos. Si uno tiene éxito en ser padre, el resultado debería ser que nuestro hijo se convierta en un adulto maduro, independiente y equilibrado. En otras palabras, mientras le proporcionamos raíces debemos desarrollar sus alas para volar. Usted debería desear que desarrollen primero, y por encima de todo, la integridad y los principios cristianos para vivir. También es importante la formación de buenos hábitos para afianzar las lecciones de la vida. Los mismos incluirán la lectura de la Palabra de Dios cada día, hacer ejercicio físico, y desarrollar hábitos de higiene personal. Todo esto debe ser parte de la educación de nuestros hijos, y el papá debe enseñarles la manera de hacerlo.

Ya que el liderazgo es un arte, es poco aconsejable ser demasiado preceptivo. Por lo tanto, concluimos este capítulo invitando a los padres a sopesar los roles que ellos desempeñan en las vidas de sus hijos.

Para los hijos no hay un substituto del padre. El trabajo y la misión de todo padre es dirigir a su familia. El padre es un modelo, amante, líder, maestro, juez, guardián y proveedor para sus hijos.

PREGUNTAS:

1. ¿Cómo ejemplifica Dios al padre ideal?

2. ¿Cuál es la responsabilidad central de un padre como el que Dios quiere?

3. ¿Qué papel deben jugar las tradiciones y las costumbres en la crianza de los hijos?

4. ¿Cuál el desafío más grande que usted enfrenta como padre? ¿Cuál ha sido el momento más humillante y cuál el más divertido?

CAPÍTULO 10

CÓMO DIRIGIR A LA FAMILIA CON INTEGRIDAD

En este capítulo final del libro, deseo hablar de la realidad viva de que el liderazgo pueda ser tanto funcional como disfuncional. La diferencia involucra a la integridad y la credibilidad.

El liderazgo siempre impacta a los demás debido a que la esencia del mismo es influir en otros. He demostrado en los capítulos precedentes cómo un líder puede y en realidad influencia de manera simultánea a sí mismo, su familia y sus colegas. Esto lo hace inspirando y motivando a otros a darse cuenta de su pleno potencial. En verdad, el mayor impacto de un líder se multiplica, no a través de lo que él hace directamente, sino de lo que hace por medio de los demás.

Es este poder de los líderes para catalizar a otros —puede llamarlo inspiración, motivación, potenciación o «estimular el corazón», para usar la

> **EL LIDERAZGO SIEMPRE IMPACTA A LOS DEMÁS DEBIDO A QUE LA ESENCIA DEL MISMO ES INFLUIR EN OTROS.**

fraseología de J. M. Kouzes y B. Z. Posner en su libro del mismo nombre[1]— lo que hace que el liderazgo sea un agente tan poderoso. Una vez que usted haya adoptado un estilo de vida de liderazgo, cientos y aun miles de personas serán impactadas solo porque usted está en el lugar donde debe estar.

En agosto del 2003 me sentí humillado, pero al mismo tiempo aprendí sobre el impacto del liderazgo. Estaba en un lugar muy agradable, pero final me vi en una situación en extremo bochornosa cuando le hablé a un grupo de quinientos jóvenes sobre «Derribar las barreras del liderazgo». Me sentía alegre porque podía ver en las caras de aquellos jóvenes el deseo de hacer de sus vidas algo de provecho. La parte bochornosa llegó cuando mi esposa y yo empezamos a dejar el vestíbulo. No solo nos dieron una ovación puestos en pie, sino que formaron una guardia de honor para nosotros, aplaudiéndonos hasta que entramos en nuestro coche y nos marchamos. Este día me di cuenta de que éramos llamados a inspirar a otros, en especial a la juventud, a ser líderes.

EL LIDERAZGO DISFUNCIONAL

El liderazgo es una espada de doble filo. El mismo puede ser funcional o trágicamente disfuncional. ¿Cuántos hogares no han sido devastados porque el padre ha abandonado su responsabilidad total o se ha convertido en alguien egocéntrico y egoísta? Cada vez más, la falta de padre ha llegado a ser tan común que solo por la gracia de Dios los hijos pueden sobrevivir a tal efecto. La causa de la desgracia de muchas mujeres recién casadas es que después del matrimonio se han decepcionado por la falta de un buen liderazgo de parte de sus esposos. Se han quedado andando a tientas en la oscuridad, sin misión ni visión. A menudo estas mujeres se quedan solas dirigiendo sus hogares.

Un visitante de Australia que tuvimos en nuestra casa en Acra nos preguntó durante una charla sobre el liderazgo:

«¿Cuál es la diferencia entre el liderazgo funcional y el disfuncional?» Mi respuesta instantánea, la cual estoy convencido después de reflexionar que es la verdad, fue el corazón. La Biblia dice que de forma habitual todos somos propensos a abusar del privilegio de tener influencia sobre otros, de lo cual trata el liderazgo. En el lenguaje bíblico, Jeremías lo puso de esta manera: «Nada hay tan engañoso como el corazón. No tiene remedio», y añadió que solo el Señor lo puede entender (Jeremías 17:9-10).

Muchos de nosotros, incluso los cristianos, subestimamos nuestro poder de hacer daño, aun a pesar de haber sido salvados por gracia. Las únicas maneras para no llegar a ser disfuncionales son:

- *Ser controlados por el Espíritu Santo de Dios.* El Espíritu nos convencerá de pecado, justicia y juicio. Es posible que sus seguidores no le digan al líder que está equivocado, aunque se dieran cuenta de ello, pero el Espíritu de Dios que está en nosotros sí lo hará. En la medida que aprendamos a escuchar la voz de Dios, seremos salvados del abuso de poder. El Espíritu de Dios forma en nosotros carácter (Gálatas 5:22-24).

- *Ser guiados en nuestra conducta por la Palabra de Dios.* «Tu palabra es una lámpara a mis pies; es una luz en mi sendero» (Salmo 119:105).

- *Evitando concentrar el poder en usted mismo.* Aun cuando sea un pionero, vale la pena formar un equipo y crear un grupo para rendirse cuentas los unos a los otros. Como historiador, Lord Acton dijo: «El poder corrompe, y el poder absoluto corrompe absolutamente». Esta es la razón de por qué en el hogar Dios nos da a nuestras esposas como compañeras; en el trabajo, nos da equipos administrativos; y a nivel empresarial, nos da una junta directiva.

- *En todo tiempo esfuércese para ser una persona íntegra.*

DIRIGIENDO CON INTEGRIDAD

A LAS PERSONAS A MENUDO LES FALTA INTEGRIDAD DEBIDO A QUE SOLO ESTÁN PREOCUPADAS POR LA CONDUCTA PÚBLICA Y POR LO TANTO VIOLAN SU PROPIA ÉTICA.

«La integridad tiene que ver con la consistencia entre lo que está dentro de la persona y lo que está fuera; entre lo que cree y su conducta; entre nuestras palabras y nuestros hechos, actitudes y acciones, valores y prácticas. La integridad es directamente opuesta a la hipocresía, es la cualidad que la gente desea ver más en el líder».[2]

Un estudio con los directores de empresas en los Estados Unidos reveló que lo que más valoraban era la honestidad y la integridad en sus líderes.[3] Para los autores de este estudio, la integridad engendra la credibilidad. La gente quiere seguir a las personas que son confiables y que están «basadas en principios», para tomar prestadas las palabras de Steven Covey.[4]

A las personas a menudo les falta integridad debido a que solo están preocupadas por la conducta pública y por lo tanto violan su propia ética. Esto es lo que hicieron los fariseos en los días de Jesús (Mateo 6:1-24). Tal cosa no significa que el hombre íntegro no haga nada equivocado. Pero aunque violara su sentido de la integridad, nunca le pasará por encima, dará excusas o tomará el asunto a la ligera. Todo lo contrario, lo admitirá, pedirá disculpas y seguirá hacia adelante. Los seguidores no buscan líderes angelicales, pero sí hombres y mujeres honestos, personas de integridad que son tanto humanas como falibles.

Es bueno saber que Dios describe al rey David como un hombre íntegro (1 Reyes 9:4). Aunque David cometiera adulterio, se arrepintió genuinamente. Su pecado rompió su corazón (Salmos 32, 40 y 51).

FUNDAMENTOS PARA LOS LÍDERES CREIBLES E ÍNTEGROS

Para mí, hay tres elementos que hacen que el liderazgo sea efectivo. Pueden ser llamados las tres C del liderazgo que construye un legado en el hogar. Son el carácter, la competencia y el cuidado (véase la Figura 10.1).

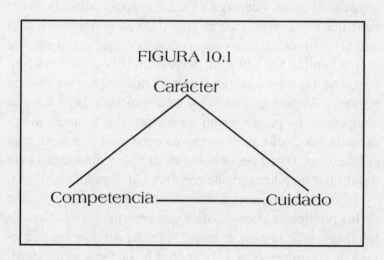

FIGURA 10.1

Carácter

Competencia ———— Cuidado

EL LIDERAZGO QUE CONSTRUYA UN LEGADO

La credibilidad en el liderazgo proviene de nuestro carácter, competencia y del cuidado de nuestros seguidores. Debido a la importancia de la credibilidad en el liderazgo permanente del líder servidor, quiero ampliar de forma breve lo que entiendo por carácter, competencia y cuidado.

UNA «BUENA PERSONA» LLAMARÁ LA ATENCIÓN Y SERÁ RESPETADA, PERO SI NO ES COMPETENTE NO PUEDE SER UN BUEN LÍDER.

Es imposible ser un líder efectivo en su casa sin ser un hombre de carácter. Al hablar de carácter me estoy refiriendo a ser una persona íntegra y confiable, una persona de honestidad transparente, humilde, disciplinada, temerosa de Dios y centrada en principios. Un carácter responsable es un elemento no negociable en un liderazgo digno. En pocas palabras, usted tiene que ser creíble. Esto es muy duro en el hogar debido a que las últimas personas que podemos engañar son nuestra propia familia. Sin embargo, la credibilidad es una condición necesaria pero no suficiente para el liderazgo. Una «buena persona» llamará la atención y será respetada, pero si no es competente no puede ser un buen líder. Por lo tanto, el carácter es necesario, pero no es una condición suficiente para el liderazgo. Usted necesita los otros dos componentes para desarrollar un liderazgo que construya un legado.

Los líderes deben mostrar competencia en la resolución de los problemas y los desafíos que emerjan en su esfera de liderazgo, en este caso, el hogar. Además del liderazgo general y de la competencia, el líder en el hogar tiene que adquirir las habilidades específicas para motivar e inspirar a su esposa y dirigir a sus hijos. Por ejemplo, aunque yo me había preparado para ser maestro, tuve que aprender a enseñar a un preescolar a interesarse por los libros. De una manera similar, al no provenir de un hogar cristiano, tuve que aprender cómo llevar a estos pequeños a Dios.

Así como el liderazgo es el arte de influir en otros, la gente quiere sentirse cuidada y entendida por sus líderes. Los líderes fortalecen, motivan e inspiran a otros para que den lo mejor de sí mismos y se sientan valorados. Una distinción principal entre los líderes y los directivos es que los primeros se especializan en inspirar y motivar a sus seguidores, mientras los últimos se enfocan en los sistemas y los controles. Esto es verdad en particular en la familia, donde su esposa o hijos están tal vez menos dispuestos a escuchar sus sermones sobre el liderazgo o la administración. Ellos quieren sentirse amados y cuidados. Ahí es donde los líderes servidores ganan, délo por seguro. Los líderes siervos se especializan en servir a otros. Como todos los líderes transformacionales, combinan el carácter con un alto grado de competencia y habilidades. Los líderes siervos se enfocan primero y por encima de todo en el mejoramiento de sus seguidores.

> **LA INTEGRIDAD NO ES UN ASUNTO PRIVADO O FILOSÓFICO PARA EL LÍDER. LOS SEGUIDORES QUIEREN VER Y SENTIR LA CREDIBILIDAD.**

ÁREAS DE LA INTEGRIDAD EN LA PRÁCTICA

La integridad no es un asunto privado o filosófico para el líder. Los seguidores quieren ver y sentir la credibilidad. La integridad es práctica y debe ser reflejada en cada área principal de la vida, incluyendo nuestra visión del mundo, la vida fami-

(1) Área de la vida	(2) Enumere tres valores esenciales suyos a la luz de la Biblia	(3) En una escala del 1 (lo más bajo) al 5 (lo más alto), clasifique cómo puede evaluarse a sí mismo de acuerdo a sus normas éticas	(4) Enumere las tres acciones individuales más importantes que llevará a cabo para mejorar su integridad e incrementar su puntuación en (3)
1. Vida espiritual	1. (i) (ii) (iii)		
2. Vida intelectual	2. (i) (ii) (iii)		
3. Vida social	3. (i) (ii) (iii)		
4. Vida financiera	4. (i) (ii) (iii)		
5. Vida marital	5. (i) (ii) (iii)		
6. Vida familiar (Relaciones con los niños)	6. (i) (ii) (iii)		
7. Vida física (Salud)	7. (i) (ii) (iii)		
8. Vida profesional (Vocacional)	8. (i) (ii) (iii)		
9. Otra (Especifique)	9. (i) (ii) (iii)		
Total de la columna (3)			

TABLA 10.1
TABLA DE ANÁLISIS DE LA INTEGRIDAD

Recuadro para la puntuación

A) Total de la columna 3 = _____

B) Total en A dividido por 27 = _____

C) Su cociente de integridad es su respuesta en B dividida por 5, multiplicada por 100 (B/5 x 100)

Escriba su cociente de integridad aquí: _____

liar, nuestras finanzas y nuestro trabajo. He preparado la tabla de la página 178 para ayudar a nuestros lectores a identificar dónde se encuentran situados con relación a la integridad en sus vidas personales. Quizás este puede ser uno de los ejercicios más importantes que usted hará. Le ayudará a identificar sus normas éticas y su valoración personal de cómo lo está haciendo, así como los planes para mejorar.

INTERPRETACIÓN

Un coeficiente de integridad por debajo de ochenta significa que tiene un problema serio con la integridad; por encima de ochenta indica que usted va bien, con tal de que sus valores sean los correctos. Sin tener en cuenta su coeficiente de integridad, aspire a mejorar el cien por ciento al darle una mayor atención a su puntuación más baja en la columna (3). Considere comparar sus valores con las normas de la Biblia, como los Diez Mandamientos o el Sermón del Montaña.

MODELOS DE LÍDERES ÍNTEGROS EN LA BIBLIA

Una de las mejores maneras de aprender acerca de la integridad es estudiar a los hombres y las mujeres que vivieron bajo situaciones de tensión. La Biblia ha recogido grandes ejemplos para nosotros, y he descubierto que una de las mejores formas de trabajar en nuestra integridad es estudiando a nuestros líderes. En ellos usted encuentra personas de una integridad impecable, así como también líderes que fracasaron en mantener su integridad. Doy ejemplos de ambos a continuación para guiarlo en su estudio personal en la Biblia:

Los hombres y las mujeres de integridad incluyen a:
- José (Génesis 39)

- Samuel (1Samuel 12:1-5)
- Daniel y sus amigos (Daniel 1-6)
- Ester (Ester 4)
- Pablo (1Corintios 9)

Ejemplos de falta de integridad:
- Acán (Josué 7)
- Judá (Génesis 38)
- Guiezi (2 Reyes 5)
- Ezequías (2 Crónicas 32:14,26,31)
- Ananías y Zafira (Hechos 5:1-11)

CÓMO SER UNA PERSONA ÍNTEGRA

Aunque sea muy difícil enseñarles a los que están creciendo a ser íntegros, he escrito a continuación ocho ideas que pueden ayudar a la gente a tomar en serio el tema de la integridad. Las mismas asumen que uno conoce a Jesucristo como su Señor y Salvador.

PASO 1: *Identidad personal*. «¿Quién soy?» Los Akans de Gana dicen: «Animguase? mfata kani ba», es decir: «La deshonra no encaja con un Akan». Si es así, ¿qué tal será con los hijos de Dios? Su respeto por quién es usted es el principio de una vida de integridad. Aquí es donde tiene que confrontarse a sí mismo para ver si se ha arrepentido de verdad y ha confiado en Jesucristo como su Señor y Salvador. Si somos verdaderos cristianos, la Biblia dice que somos embajadores de Cristo (2 Corintios 5:20). En otras palabras, Dios llama embajadores suyos a aquellos que han confiado en Jesucristo. Ser un embajador significa que usted tiene que comportarse de la manera que corresponda con la forma de actuar de un diplomático. Del mismo modo, la integridad se requiere de nosotros como hijos de Dios, esposos y padres. El otro día le dije a un miembro de mi familia: «Tú eres un Adei», en respuesta a por qué algunas cosas no se pueden hacer. ¡Cuánto más será así para un hijo de Dios y un embajador de Cristo!

PASO 2: *Propósitos y creencias*. Todas las personas —cristianos, musulmanes, miembros de otros credos, e incluso los no creyentes— tienen un sistema de creencias que afecta su actitud con respecto al sexo, la mentira y aun al homicidio. Todo aquello que usted cree es importante para su sentido de integridad. Si su ética está equivocada, aun si ejercita la integridad, la consecuencia continuará estando mal. Por lo tanto, clarifique el propósito de su vida (Eclesiastés 12:13) y su sistema de creencias. Los Diez Mandamientos y el Sermón de la Montaña no tienen paralelo sobre la tierra ni en ninguna otra religión. Aceptar estas reglas de vida es fundamental para ser un hombre de integridad.

> TODO AQUELLO QUE USTED CREE ES IMPORTANTE PARA SU SENTIDO DE INTEGRIDAD. SI SU ÉTICA ESTÁ EQUIVOCADA, AUN SI EJERCITA LA INTEGRIDAD, LA CONSECUENCIA CONTINUARÁ ESTANDO MAL.

PASO 3: *La expresión de los valores*. La honestidad, la transparencia y los principios son valores que uno aprende. Los valores cristianos deben estar basados en la Biblia, en vez de ser derivados de nuestra tradición o la cultura de la sociedad en que vivimos. Un hombre de integridad tiene valores importantes por los cuales vive.

PASO 4: *Una reflexión previa acerca de los desafíos éticos básicos*. Una de las mayores ayudas para la vida de integridad es reflexionar en oración en los desafíos que pueden presentarse en las áreas esenciales de su vida… *antes* de que ellos surjan. Por ejemplo, como un consejero económico de la ONU que ha tenido que pasar mucho tiempo durmiendo en hoteles, sé cómo enfrentar las tentaciones sexuales. Un director ejecutivo enfrenta la tendencia a abusar de su poder y al uso de su cargo oficial para obtener ganancias privadas. Anticipar estas situaciones es una ayuda para lidiar bien con ellas cuando lleguen. En cuanto a esto, las áreas en las que exhorto el ejercicio de la integridad se relacionan con las mismas áreas que forman la base de nuestro plan estratégico personal, tales como la vida espiritual, el matrimonio, la paternidad, las finanzas y la amistad. Nadie es tentado en áreas con las que no tiene nada que ver. Nunca he sido tentado como político o como clérigo, porque nunca he sido uno de ellos.

PASO 5: *Desarrolla y/o únete a un grupo formal o informal para rendir cuentas*. Los hombres tienden a hacer las cosas bien cuando las comparten dentro de un grupo varonil. Los Cumplidores de Promesas están impactando de una manera positiva a los hombres debido a que se organizan en grupos y cada uno de ellos rinde cuentas a los otros, ya sea de manera formal e informal. Como líder de su familia, usted se beneficiará de tener un grupo donde rendir cuentas. En realidad, su esposa y sus hijos son sus mejores aliados en la tarea de ser un hombre íntegro. No obstante, ha de tener otros amigos de la iglesia y del trabajo como parte de este grupo, suponiendo de que ellos compartan también convicciones similares.

PASO 6: *Crecer en el Señor*. Mucha gente piensa que la madurez cristiana requiere una varita mágica. En realidad, la clave es un caminar constante con Jesús. Usted lo hace al progresar en las siguientes áreas:

- Asegúrese de haber nacido de nuevo o de haberle dedicado su vida a Jesucristo (Juan 3:1-5,16).

- Realice una búsqueda diaria a través de las Escrituras y deje que sus normas conformen su manera de vivir (Josué 1:8-9; Salmo 119:105).

- Aparte varios períodos de tiempo para la oración, pero también ore de manera continua (1 Tesalonicenses 5:17).

- Combine todo esto con un tiempo de quietud ante el Señor cada mañana y cada la noche.

- Pertenezca a una iglesia cristiana que crea en la Biblia. Es decir, tenga comunión con otros cristianos y sea miembro de un grupo pequeño.

- Practique «la respiración espiritual» confesando de inmediato cualquier pecado conocido, recibiendo perdón y la plenitud del Espíritu para poder continuar. Restituya y pida disculpas cuando haya otras personas involucradas.

PASO 7: *Hacer de Jesús su modelo* (Romanos 12:1-3). La obediencia y la imitación son la norma de vida del cristiano. Siempre andará en integridad si se pregunta: «¿Qué es lo que quiere Jesús que haga?»

PASO 8: *Sea consciente de sus «enemigos».* Vigile aquellas cosas que amenazan su integridad, como la inmoralidad sexual, el soborno, el egoísmo o el abuso de poder, y desarrolle estrategias para derrotarlas. Cada uno de nosotros debería conocer sus áreas de debilidad. Viva en el mundo real, pero no se corrompa con él. Hemos de ser sabios como serpientes e inocentes como palomas.

> **VIGILE AQUELLAS COSAS QUE AMENAZAN SU INTEGRIDAD, COMO LA INMORALIDAD SEXUAL, EL SOBORNO, EL EGOÍSMO O EL ABUSO DE PODER, Y DESARROLLE ESTRATEGIAS PARA DERROTARLAS.**

Si hay un factor único que hace que el líder sea disfuncional e inefectivo, a la luz de los privilegios, costos y tentaciones del liderazgo, es la falta de integridad. Si usted tiene que dirigirse a sí mismo, a su esposa, familia y seguidores, debe poner la integridad en lo más alto.

LA IMPORTANCIA DE LA INTEGRIDAD

¿Por qué este énfasis en la integridad? Permítame concluir con las razones bíblicas de por qué la integridad es el fundamento del liderazgo cristiano:

- La integridad guía y preserva la vida (Proverbios 11:3; Salmo 25:21) y da confianza (1 Samuel 2:1-5).

- Permite que las bendiciones fluyan a las futuras generaciones (Proverbios 20:7).

- Autentifica el testimonio. ¡Somos embajadores de Cristo!

- Los seguidores requieren que sus líderes les den un modelo a seguir (2 Corintios 3:18).

- Es lo que tanto las familias como las organizaciones, comunidades y naciones necesitan más de sus líderes. «La justicia enaltece a una nación» (Proverbios 14:34).

- «Un mancha pequeña reduce el valor». Sin integridad, el valor de su liderazgo disminuye.

- Recuerde que el hombre mira la apariencia externa pero Dios mira el corazón (1 Samuel 16:7). Para Dios, la integridad lo es todo.

Procure ser una persona íntegra, pero no se vuelva paranoico por ello, pues si esto es así el legalismo o la autoindulgencia pueden minar la misma integridad que usted está buscando. Recuerde que los justos pueden caer siete veces y aun así volver a levantarse (Proverbios 24:16).

PREGUNTAS

1. ¿Cuáles son las cosas que más le tientan a comprometer su integridad?

2. ¿Cómo le crea problemas a sus hijos la falta de integridad de un padre?

3. ¿De qué forma el tener un mentor cristiano firme puede ayudarle a mantenerse en el camino de la integridad y la justicia?

VENGA, CAMBIEMOS EL MUNDO UNA FAMILIA A LA VEZ

No he escrito este libro como un líder experto de la familia. Lo he hecho como un esposo y padre que procura proveer un liderazgo para su esposa y sus cuatro hijos. En realidad, fue con gran entusiasmo que acepté la invitación en el 2002 para hablar en un retiro sobre el liderazgo masculino efectivo. Era mi primera vez. Sin embargo, el resultado de este retiro valió el esfuerzo.

En los capítulos precedentes he tratado de compartir algunas ideas, tomadas de la Biblia y de la experiencia, concernientes a la manera en que como hombres debemos organizar nuestras vidas personales para ejercer el liderazgo. Los capítulos acerca de la dirección y la administración de nosotros mismos, así como del manejo eficaz del tiempo, eran una de mis metas. Sin embargo, dirigir a la familia es un trabajo práctico que debería llevarse a cabo en el hogar. Apuntando a este fin, he considerado al hogar cristiano como un lugar para adorar y amar, un lugar donde aprendemos a vivir, tener una buena ética de trabajo y respetar a la autoridad. En este contexto, el hombre como cabeza de la familia tiene que dirigir a su esposa e hijos con integridad, siendo esto tanto un llamado espiritual como una obligación social.

Creo que la gran tragedia de nuestros días es que no se le da la adecuada atención a la familia. La escuela, la comunidad, el gobierno y los trabajadores sociales parece que asumen el rol del padre. Aunque la mayoría de estas instituciones tienen funciones que desempeñar en la sociedad moderna, no hay sustituto para el hogar cristiano ni para el liderazgo en la familia. El liderazgo efectivo masculino de la familia, por lo tanto, es una de las necesidades más urgentes en nuestros días.

Quiero invitar a todos los esposos y padres cristianos a marchar juntos para ayudar a cambiar nuestro mundo una familia a la vez. Este es un desafío que tiene recompensas. ¡Somos llamados a ser los líderes servidores de nuestros hogares para la gloria de Dios y el bienestar de aquellos que tenemos el privilegio de dirigir y que nos llaman esposo y padre!

NOTAS

Capítulo 1

1. De un folleto de Promise Keepers [Cumplidores de Promesas], P.O. Box 11798, Denver, CO 80211-0798.

2. Chinua Achebe, *Las cosas se deshacen*, Instituto Cubano del Libro, Arte y Literatura, La Habana, 1975.

3. Munroe Myles, *Becoming a Leader: Everyone Can Do It* [Conviértase en un líder: Todo el mundo puede hacerlo], Pneuma Life Publishing, Bakersfield, California, 1999.

4. Nota del traductor: «Baby boomer» es el nombre que identifica a la generación inmediata después de la Segunda Guerra Mundial, la cual fue el producto de una gran explosión demográfica.

Capítulo 2

1. Oswald Sanders, *Liderazgo espiritual,* Editorial Portavoz, Kregel Publications, P.O. Box 2607, Grand Rapids, Michigan 49501, 1994, p. 11.

2. J. Robert Clinton, *The Making of a Leader* [La formación de un líder], NavPress, Colorado Spring, CO, 1998.

3. Ibid.

4. De una conferencia del Dr. John Hunter presentada en Accra, Gana, en 1974.

Capítulo 3

1. Stephen Covey, A. R. Merill y R. R. Merrill, *Primero, lo primero*, Ediciones Paidós Ibérica, S.A. c/Mariano Cubi, 92-08021 Barcelona, España, 1999.

2. Basado en Bruce Bickel y Stan Jantz, *Dios en las cosas pequeñas*, UNILIT, Miami.

3. Covey, *Primero, lo primero*.

Capítulo 4

1. De Stephen Adei, *Twelve Keys to Financial Success* [Doce claves para el éxito financiero], Oasis International Limited, Ginebra, Suiza, 2001.

2. De una monografía de Stephen Adei, «Balancing the Personal, Relational and Public Life of the Parliamentarian» [Equilibrando la vida pública, relacional y personal de los parlamentarios], GIMPA, Accra, 2002.

Capítulo 5

1. Covey, *Primero, lo primero*.

Capítulo 9

1. Este capítulo reproduce el material del librito *How to Raise Good Kids in a Bad World* [Cómo criar hijos buenos en un mundo malo], de Stephen y Georgina Adei, Institute of Family and Marriage Enrichment, Accra, 2000.

Capítulo 10

1. James M. Kouzes y Barry Z. Posner, *Encouraging the Heart: A leader's Guide to Rewarding and Recognizing Others* [Estimulando el corazón: Una guía para la recompensa y el

reconocimiento de los demás], Jossey-Bass Publishers, San Francisco, 2003.

2. Esta cita y los párrafos siguientes en esta misma sección están basados en parte en las notas sobre la integridad de la *Leadership Bible* [Biblia del liderazgo], Thomas Nelson Publishing, Nashville, 2003, p. 320.

3. James M. Kouzes, Barry Z. Posner y Tom Peters, *Credibility: How Leaders Gain and Lose It, Why People Demand It* [Credibilidad: Cómo los líderes la gana y la pierden, por qué las personas la exigen], Jossey-Bass Publishers, Nueva York, 2003.

4. Stephen Covey, *Principle-Centered Leadership* [Liderazgo centrado en principios], Simon & Schuster, Londres, 1999.

REFERENCIAS

LIBROS DE STEPHEN ADEI

Balancing Personal, Relational and Public Life of the Parliamentarian, monografía, GIMPA, Accra, 2003.

The Joy of Human Love: Love, Friendship and Romance in Christian Marriage, African Christian Press, Accra, 1999.

The Secret of a Happy Marriage: Communication, primera edición, African Christian Press, Accra, 1991.

Twelve Keys to Financial Success: A Guide to Financial Independence, Oasis International Limited, Ginebra, 2001.

LIBROS DE STEPHEN Y GEORGINA ADEI

The Challenge of Parenting: Principles and Practices of Raising Children, African Christian Press, Accra, 1991.

How to Raise Good Kids in a Bad World, GIMPA, Accra, 2002.

Marriage and Family Life Mission. Counseling Manual. Family Life Mission, Kehe, 1986.

Pathway to Intimate Christian Marriage. Institute of Family and Marriage Enrichment, GIMPA, Accra, 2002.

Seven Keys to Abundant Living with No Regrets. 1st ed. Accra: African Christian Press, 1997.

God's Master Plan for Christian Marriage. Forthcoming.

OTROS RECURSOS

Achebe, Chinua, *Las cosas se deshacen*, Instituto Cubano del Libro, Arte y Literatura, La Habana, 1975.

Bickel, Bruce y Stan Jantz, *Dios en las cosas pequeñas*, UNILIT, Miami.

Covey, Stephen, *Principle-Centered Leadership*, Simon & Schuster, Londres, 1999.

Covey, Stephen, *Los siete hábitos de las personas altamente efectivas.*

Covey, Stephen, A. R. Merill y R. R. Merrill, *Primero, lo primero*, Ediciones Paidós Ibérica, S.A. c/Mariano Cubi, 92-08021 Barcelona, España, 1999.

Crabb, Lawrence J. Jr., *El edificador matrimonial*, Centros de Literatura Cristiana, Santa Fe de Bogotá, Colombia, 1999.

Dobson, James C., *Atrévete a disciplinar*, Editorial Vida, Miami, 1993.

Ekuta, Jethro, *Marriage as Gos Intended It to Be* [El matrimonio tal cual Dios lo previó], ACW Press, Ozark, Alabama, 2001.

Gray, John. *Los hombres son de Marte y las mujeres son de Venus: Guía para mejorar la relación con su pareja,* Grijalbo, Barcelona, 1993.

Greenleaf, R. K., *Servant Leadership* [El liderazgo servidor], Paulist Press, Nueva York, 1997.

Harley, Willard F. Jr., *His needs, Her needs: Building an Affair-Proof Marriage*, Revell, Grand Rapids, Michigan, 2001.

Hill, Polly, *The Migrant Cocoa Farmers of Southern Ghana: A study in Rural Capitalism* (un clásico en la serie Antropología Africana), segunda edición, Lit. Verleg, Londres, 1999.

Jones, E. Stanley, *Abundant Living*, edición reimpresa, Abingdon Press, Londres, 1990.

Kotter, J. P., *Leading Change: Why Transformation Efforts Fail*, Harvard Business Review Vol. 73., No. 2:59-67, 1995.

Kotter, J. P., *¿Qué hacen los líderes?*, Gestión 2000.

Kouzes, James M. y Barry Z. Posner, *Encouraging the Heart: A Leader's Guide to Rewarding and Recognizing Others*, Jossey-Bass Publishers, San Francisco, 2003.

Kouzes, James M., Barry Z. Posner y Tom Peters. *Credibility: How Leaders Gain and Lose It, Why People Demand It*, Jossey-Bass Publishers, Nueva York, Simon & Schuster, San Francisco, 1995.

Maxwell, John C., *Desarrolle el líder que está en usted*, Editores Caribe-Betania, Nashville.

Maxwell, John C., *Desarrolle los líderes que están alrededor de usted*, Editores Caribe-Betania, Nashville.

Maxwell, John C., *Las 21 cualidades indispensables de un líder*, Editores Caribe-Betania, Nashville, 2000.

Meyer, Paul J. y Randy Slechta, *The 5 Pillars of Leadership: How to Bridge the Leadership Gap*, Insight Publishing Group, Tulsa, Okla, 2002.

Munroe, Myles, *Becoming a Leader: Everyone Can Do It*, Pneuma Life Publishing, Bakersfield, California, 1999.

Sanders, Oswald, *Liderazgo espiritual*, Editorial Portavoz, Kregel Publications P.O. Box 2607, Grand Rapids, Michigan 49501, 1994.

Schoolland, Marian M. con ilustraciones de Paul Stoub, *Leading Little Ones to God: A Child's Book of Bible Teachings*, William Eerdmans Publishing, Grand Rapids, Mich., 1995.

Swindoll, Charles R., *Pásame otro ladrillo*, Caribe-Betania, Miami.

Taylor, Kenneth N., *Stories for the Children's Hour*, Moody Press, Chicago, 1968.

ENFOQUE A LA FAMILIA

¡Bienvenidos a la familia!

Tanto si ha recibido este libro como un regalo, lo ha pedido prestado a un amigo, o lo ha comprado, estamos contentos de que lo haya leído. Es solo uno de los muchos recursos útiles producidos por Enfoque a la familia.

En realidad, este es el objetivo de Enfoque a la Familia, proveer inspiración, información y buenos consejos basados en la Biblia para las personas en sus diferentes etapas de la vida.

Todo empezó en 1977 con la visión de un hombre, el Dr. James Dobson, sicólogo y autor de dieciséis exitosos libros acerca de temas como el matrimonio, la paternidad y la familia. Inquieto y alarmado por las presiones sociales, políticas y económicas que estaban amenazando la existencia de la familia estadounidense, el Dr. Dobson fundó Enfoque a la familia con un solo empleado —un asistente— y un programa semanal de radio trasmitido en solo treinta y seis emisoras.

Siendo ahora una organización internacional, Enfoque a la familia está dedicado a preservar los valores judíos-cristianos y a fortalecer y animar a las familias a través del mensaje transformador de Jesucristo. Enfoque a la familia llega a familias de todo el mundo a través de diez emisiones independientes de radio, dos programas nuevos de televisión, trece publicaciones, dieciocho sitios en la Internet, y una serie permanente de libros, películas y videos galardonados para las personas de todas las edades e intereses.

Visite nuestra página en Internet (www.family.org [en inglés] y www.enfoque.family.org [en español]) para saber más acerca de Enfoque a la familia o encontrar si hay alguna oficina asociada en su país.

¡Nos encantaría saber algo de usted!

DISFRUTE DE OTRAS PUBLICACIONES DE EDITORIAL VIDA

Desde l946, Editorial Vida es fiel amiga del pueblo hispano a través de la mejor literatura evangélica. Editorial Vida publica libros prácticos y de sólidas doctrinas que enriquecen el caudal de conocimiento de sus lectores.

Nuestras Biblias de Estudio poseen características que ayudan al lector a crecer en el conocimiento de las Sagradas Escrituras y a comprenderlas mejor. Vida Nueva es el más completo y actualizado plan de estudio de Escuela Dominical y el mejor recurso educativo en español. Además, nuestra serie de grabaciones de alabanzas y adoración, Vida Music renueva su espíritu y llena su alma de gratitud a Dios.

En las siguientes páginas se describen otras excelentes publicaciones producidas especialmente para usted. Adquiera productos de Editorial Vida en su librería cristiana más cercana.

Vida

DEDICADOS A LA EXCELENCIA

Una vida
con propósito

Rick Warren, reconocido autor de *Una Iglesia con Propósito*, plantea ahora un nuevo reto al creyente que quiere alcanzar una vida victoriosa. La obra enfoca la edificación del individuo como parte integral del proceso formador del cuerpo de Cristo. Cada ser humano tiene algo que le inspira, motiva o impulsa a actuar a través de su existencia. Y eso es lo que usted podrá descubrir cuando lea las páginas de *Una vida con propósito*.

0-8297-3786-3

Liderazgo Eficaz

Liderazgo eficaz es la herramienta que todo creyente debe estudiar para enriquecer su función dirigente en el cuerpo de Cristo y en cualquier otra área a la que el Señor lo guíe. Nos muestra también la influencia que ejerce cada persona en su entorno y cómo debemos aprovechar nuestros recursos para influir de manera correcta en las vidas que nos rodean.

0-8297-3626-3

Biblia de Estudio NVI

La primera Biblia de estudio creada por un grupo de biblistas y traductores latinoamericanos. Con el uso del texto de la Nueva Versión Internacional, esta Biblia será fácil de leer además de ser una tremenda herramienta para el estudio personal o en grupo. Compre esta Biblia y reciba gratis una copia de ¡Fidelidad! ¡Integridad!, una guía que le ayudará a aprovechar mejor su tiempo de estudio.

ISBN: 0-8297-2401-X

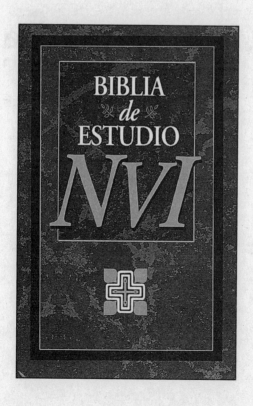

Nos agradaría recibir noticias suyas.
Por favor, envíe sus comentarios sobre este libro
a la dirección que aparece a continuación.
Muchas gracias.

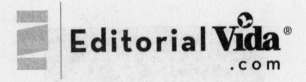

Editorial Vida
7500 NW 25 Street, Suite 239
Miami, Florida 33122

Vida@zondervan.com
www.editorialvida.com